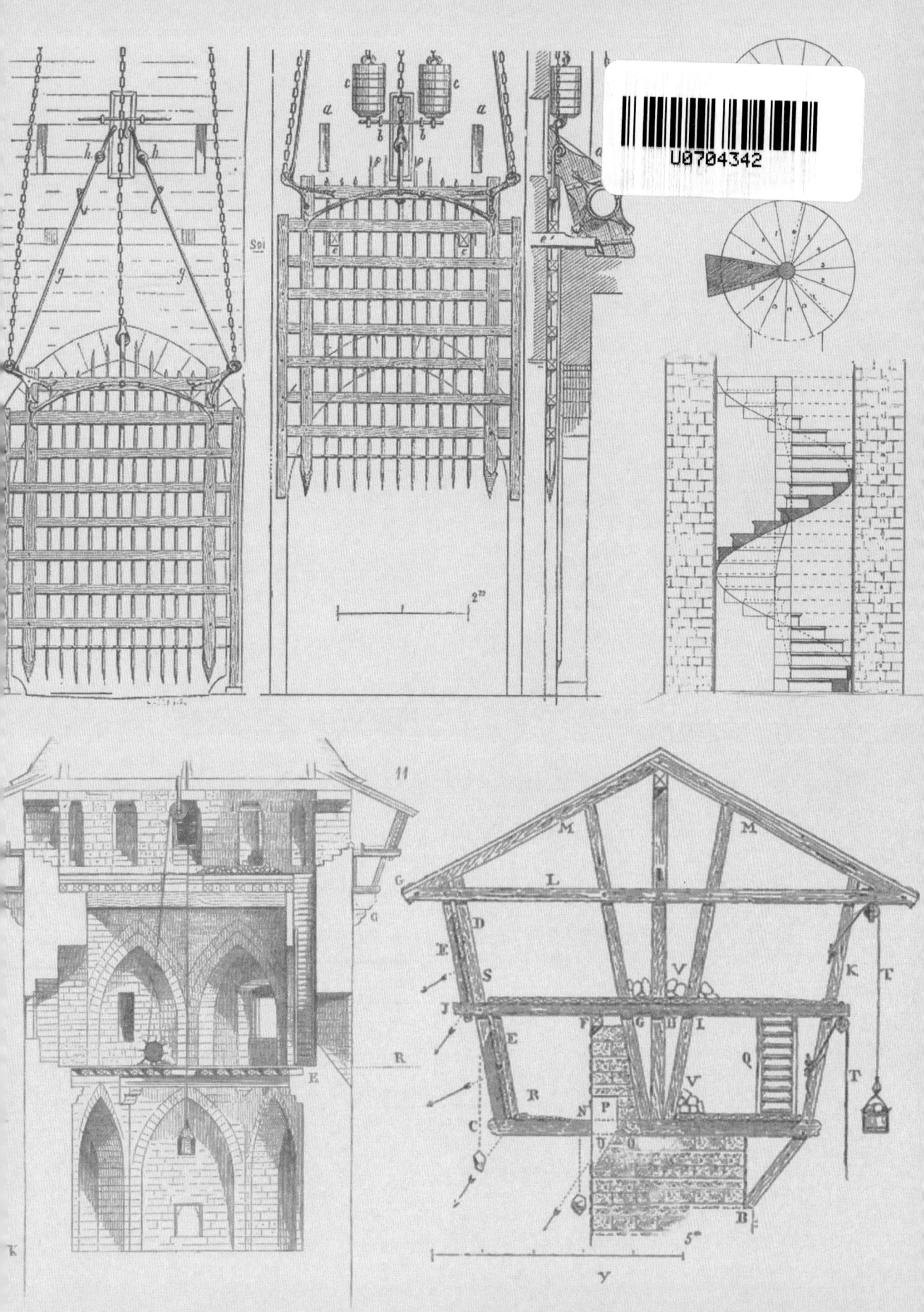

中世纪城堡

[英]查尔斯·菲利普斯 著
李 弥 译

上海科学技术文献出版社

献给艾莉森

感谢盖德隆的莎拉·普雷斯顿在2017年施工季中寒冬方至的日子里对我的热情接待,感谢她孜孜不倦地热心回答我的大量问题并满足本书的图片需求。也感谢这本书优秀的执行编辑乔安妮·里平。

中世纪城堡
——设计、施工及使用

一本研究这些宏伟建筑
建造过程、维护保养和居民日常生活的图书

［英］查尔斯·菲利普斯 著
李 弥 译

上海科学技术文献出版社

目 录

序言 / 001
导言 / 002

第1章 外堡和壕沟 / 013
外围防御工事 / 014
挖掘防御工事：壕沟和护城河 / 019

第2章 门楼、塔楼和吊桥 / 029
门楼 / 030
防御塔 / 040
防御设施 / 045

第3章 幕墙和城垛 / 051
修筑幕墙 / 052
建造幕墙 / 064
城墙防御工事及其特征 / 066
轴心环形防御工事 / 071

第4章 堡场 / 077
城堡生活的中心 / 078
切普斯托城堡和堡场设计 / 089
盖德隆城堡的中庭 / 094

第5章 主楼 / 099
壳式主楼 / 100
塔式主楼 / 102
搬运建材 / 112
圆形和多边形塔式主楼 / 114

第6章 私人房间和起居用房 / 121
私人房间和客房 / 122
室内的宜居设施 / 131
搭建盖德隆城堡北楼的屋顶 / 136

第7章 大礼堂 / 141
城堡生活的核心 / 142
娱乐活动 / 145
烟囱和壁炉 / 148
历久弥新的大礼堂及其演变 / 150
铺设中世纪城堡的地板 / 157

第8章 礼拜堂和其他建筑 / 163
礼拜堂和拱顶 / 164
城堡和村庄 / 174
附属建筑和城堡居民 / 176

第9章 厨房和菜园 / 185
食物供应 / 186
盖德隆的水磨坊 / 190
厨房：备餐处 / 192
为城堡居民供餐 / 196

后记 / 199
词汇表 / 202
重要历史人物 / 205
致谢 / 206

序　言

　　1997年，在一处被树木和湖泊环绕的旧采石场遗址上，盖德隆城堡的第一批石块被工人开采出来，经砍削打磨后进行铺设。20年后，曾经的宏伟蓝图即将全部实现，防御城墙、塔楼、中庭、大礼堂和礼拜堂一应俱全。在拍摄BBC纪录片《城堡的秘密》时，我有幸与盖德隆城堡的施工团队一起工作了三个月，协助推进（有时是妨碍）城堡的建造。我曾经参加过几个实践考古项目，但远没有盖德隆项目复杂。用凿子雕刻石块、将木料削切出榫卯结构或是修琢一件铁器，都能让人得以了解不同工艺的实物层面，而采用各种工艺建造以铁箍加固的木门或衬铅的石砌排水沟，则让人得以窥视其他学者梦寐以求却无缘得见的有形历史。盖德隆项目规模庞大，因而诞生了一个互帮互助、相辅相成的团体：石匠需要采石工的帮助，木匠需要伐木工的帮助，制篮工编织运送碎石和砂浆所需的篮筐，推手推车的工人在工地上来回运送建材并传递信息。如果铁匠因故停止工作，整个工地都会因工具钝到无法使用而陷入停滞。盖德隆是个神奇的地方，它改变了我的生活，以致如今我每天都会回忆起在那里的时光。我对所造访的中世纪建筑的设计和建造有了更深的了解，对打造城堡的社群和居住在其中或其周边的民众也有了更为独到的见解。此书不仅讲述了盖德隆城堡的故事，也介绍了13世纪城堡的背景及发展脉络，让读者得以了解此时期城堡的特征和用途。希望各位读者阅毕此书时可以感受到盖德隆城堡的美妙，与我收获同样多的惊喜和乐趣。

彼得·金恩

导 言

权力和金钱

1295年的夏天,位于北威尔士安格尔西岛的博马里斯城堡建造工程持续推进,进展迅速。现场动用了大约375名采石工、450名石匠以及1800名工人。英格兰国王爱德华一世希望城堡能尽快完工,因为一支由卢埃林之子马多格领导的威尔士反叛军在前一年冬天杀死了安格尔西的郡守。

建造工程在著名的萨瓦工程师兼建筑师圣乔治的雅克的主持下进行,他早前设计了康韦、哈莱克和卡那封三座城堡。爱德华一世对这项工程倾囊而出,每周支付给城堡施工团队的薪水高达270英镑。即使如此,资金也很快告急,雅克不得不在1296年的春天写信给国王解释为何需要大量追加资金:

"您也会疑惑为什么一周会用掉那么多钱,那是因为我们之前动用了包括采石匠和砌石匠在内的400名石匠,2000名无专业技能的工匠,使用了100辆手推车、60辆四轮马车和30艘船用以经陆路和海路运送石料和煤;另外雇用了200名采石工人、30名铁匠和若干木匠来安装托梁、楼板并完成其他必需的工作。今后的工作还须动用等量的工人和工具。以上支出尚未包括卫戍的军饷……和购买建材的费用。"

这份账单说明,设计和建造一座中世纪的城堡是一项庞大的工程,需要技艺高超的专业工匠和大量普通劳力在一位石匠大师的

安格尔西岛的博马里斯城堡建在一块处女地上,使得工程师兼建筑师圣乔治的雅克可以随心所欲地布置轴心环形城堡。(Alamy供图)

上图：这幅15世纪的壁毯描绘了农民、工匠、贵族等在城堡这一封建体系中扮演的角色。（Getty供图）

指挥下合作完成。同样需要的还有大量时间和金钱的投入，正如前文所述。

石匠大师的角色

石匠大师作为中世纪城堡施工现场的关键人物，直接和出资建造并拥有这座城堡的国王或领主联络。在一些案例中，出资人也会积极参与城堡的设计，甚至在细节敲定上产生了重要的影响。比方说，英王理查一世就是一位事无巨细的出资人，很大程度上参与了法国北部加亚尔城堡的设计和建造。但通常来说，城堡的设计和建造由石匠大师负责，他们也同时听取出资人的指示并提出可行的建议。就像现代的建设项目一样，石匠大师在建造过程中需要绘制图纸，有时甚至需要制作三维木制模型向领主直观地展示建筑的预期面貌。

除了负责城堡的设计，石匠大师也得负责现场施工。从管理和指挥工人用马车和推车在工地上来回运送泥土和沉重石块，到检查瓦片是否安装正确，大小事务都要石匠大师亲身躬行。因此，他通常一次只主持一项建筑工程。偶尔，他也需要同时负责几处建筑的施工。例如，圣乔治的雅克自13世纪70年代起便同时主持北威尔

上图：这幅贝叶壁毯描绘了建造于布列塔尼地区迪南的高几-堡场式城堡。这座城堡被诺曼底公爵威廉（后加冕为英王威廉一世）攻破。（玛丽·埃文斯供图）

上图：伦敦塔内标志性的石砌主楼——白塔长35米、宽32米。它始建于1078年，完工于1100年，取代了早期的木制工事。这是英格兰最早的石砌主楼，最早由肯特郡的硬质石块建成，细部则采用了进口自法国卡昂的石灰岩。

士好几处城堡的建造。

石匠大师需要具备远见、人脉、领导能力和耐心。如雅克的信件所示，他常常需要雇用一大群工匠并由始至终监督他们的工作。挖掘工擅长挖掘壕沟和建造土木工事，筑堤工擅长分水理水、挖掘护城河和监管水利防御体系的建造，采石工则擅长分辨和挖掘上好的石材。随着建造工程的开展，石匠大师会雇用木匠制造绞车用以吊升和安装原木及脚手架、铺设地板和屋顶、安装围板和木制走道，还会雇用铁匠设计铰链和箍条，命他们在现场制作和修理工具。石匠是最为重要的工种，他们会把采石匠开采来的石头切削成城堡墙面所需的形状，雕刻置于拱顶的精致拱顶石和美丽的花格窗。砖瓦工可以制造出铺设屋顶、壁炉和地板所需的火候恰当、耐久性好的瓦片和地砖。其他各种调制石灰、砂浆、涂料、粉刷白料以及为布料染色的工人也参与其中。石匠大师还须平衡并控制现金流，按期支付正确的款项给供应商和工人。

象征意义

博马里斯城堡总共花费了15 000英镑，在当时是一个天文数字，但是物有所值。无论是博马里斯城堡，还是爱德华一世时期的里兹兰、康韦和卡那封等威尔士地区的城堡，都是英王用以加强对北威尔士的控制的军事

上图：罗切斯特城堡中高38米的雄伟塔式主楼建于1127—1136年。它曾在城堡其余部分均已沦陷的情况下将围城军阻拦在外两个月之久。

工具。一座有牢固防御工事、居住房室、独立供水系统、粮仓和精良卫戍部队的大体量建筑是一种武力强势的体现，足以威慑和镇压当地的反抗势力，强化国王在当地的政治权力。

随着1066年征服者威廉率领诺曼军队进入不列颠群岛的还有修筑城堡的风潮。（在1066年之前，埃塞克斯郡和赫里福德郡建有零星的城堡，但它们是由英王忏悔者爱德华的诺曼廷臣建造的。）入侵者罢黜了忏悔者爱德华以及在黑斯廷斯战役中战败的哈罗德·葛温森领导下的盎格鲁-撒克逊贵族，代之以一个威廉一世与其子孙代代相承的封建世袭制度下全新的诺曼人统治阶级。

诺曼领主们随后建造城堡，向上层领主或者国王效忠并提供军事服务。这些城堡在英格兰鳞次栉比地出现，是诺曼人制服盎格鲁-撒克逊人的武力象征。随着时间推移，城堡也演变为领主个人社会地位和封建权力

门楼

入口可能是城堡最脆弱的地方。因此，在入口两侧建有防御外敌的塔楼并逐渐形成严密防守的门楼，也成为城堡设计的重要特征。在卡菲利和博马里斯等地的城堡中，门楼是最为安全的地方，其中设有绝佳的居住场所。随着门楼的进一步发展，吊闸、加固城门、堞眼等重要的防御设施也接连出现。

下图：苏格兰卡拉弗洛克城堡的双塔门楼建于13世纪，这个被护城河环绕的宏伟建筑平面呈三角形，全英国仅此一例。

的象征。

国王也是狂热的城堡建造者，威廉一世、爱德华一世及其后继的历代英王皆是如此。威廉一世建造了屹立至今的多佛尔城堡、温莎城堡和伦敦塔以稳定新征服的疆域。爱德华一世则通过建造一系列令人生畏的城堡来清剿威尔士的叛乱分子。

另外一个建造皇家城堡的原因是当时的交通迟缓、通信不便，这意味着国王巩固和行使其统治权的最有效的办法是巡视他的王国。为此，他需要分散于全国各地的皇家城堡作为出访的行宫。此外，城堡在国王到访并离开后的很长时间内仍可作为他权力的象征，自然是越华丽越好。

石块和砂浆：城堡的演进

最早的诺曼式城堡通常为"高地和堡场"式的土木结构建筑。高地指由防护栅栏围合的土丘，在顶部通常建有木制塔楼供领主和卫戍居住。环绕高地的是由沟渠和围栏围合出的堡场，建有生活居所和包括公共礼堂、礼拜堂、厨房和马厩在内的重要建筑。高地通常是一处天然土丘。有时，高地-堡场式的城堡建在既有的丘陵要塞之上或周围，也有一些高地是由士兵和工人挖掘并垒砌的人造土丘。

一段时期后，土木结构的堡垒被更耐久的石筑堡垒所替代。高地周围垒起石墙，演变为历史学家所称的"壳式主楼"，康沃尔郡的雷斯托梅尔城堡、德文郡的托特尼斯城堡和温莎城堡的圆塔皆为此类。壳式主楼通常是中庭里的封闭式木制或石砌建筑。

在其他城堡中，领主的居所常设于大型塔楼或塔式主楼内，伦敦塔也是如此。这样

下图：作为领主权力的象征，建于14世纪的博迪亚姆城堡在设计上比起防御性能更注重外观的震撼效果。当清晨的水雾从护城河升起时，烟雾朦胧的城堡确实给人一种威慑感。

的壳式主楼兴起于11世纪诺曼人入侵后的数十年内，在接下来的几世纪中，方形、圆形或多边形的塔式主楼被增添到城堡中。一些较低矮的主楼（如诺里奇城堡的主楼和诺福克郡赖辛城堡的主楼）则被称为礼堂式主楼。

壳式主楼、礼堂式主楼和塔式主楼，与早期城堡中以栅栏围合的高地一样，是城堡居民主要的庇护所。一处城堡受到攻击时，主楼可供领主和随从入内；领主不在时，则是供守卫退守的地方。例如，肯特郡的罗切斯特城堡在1215年遭到围攻时仅有主楼未沦陷，守卫退入主楼坚守，其间只能以马肉为食。作为城堡要塞的主楼在英文中也被称为dungeon（来自拉丁语的dominium和法语的donjon，意为"领主"或"主人"），这个单词后来才演变出了现代含义，即领主用来关押敌人的"阴暗潮湿的地牢"。

堡场周围为很厚的防御性墙体所环绕，并筑有防御塔楼。凸出于墙体的防御塔楼为弓箭手和弩兵提供了射击试图破坏和攀爬城墙的敌军的绝佳位置。就算入侵者登上城墙，士兵也可从塔上射击。墙体的上方筑有一圈雉堞，可以为连接塔楼并充当射击平台的城墙走道提供防护。这些雉堞又称"垛墙"，由凸起的城齿或垛子和凹下的垛口组成。士兵可在城齿后方躲避炮火来袭，再巧妙地撤入垛口向敌人射击。很多城堡在防御幕墙的外围设有干涸的壕沟或者注水的护城河以进一步阻止敌军的进犯。

其他防御措施包括轴心环形防御工事，可见于威尔士的博马里斯城堡和卡菲利城堡。爱德华一世及其扈从在耶路撒冷王国等地参与十字军东征时见证了该设计的有效性。该设计早在古埃及就已经出现，后由医院骑士团等宗教团体加以完善。

到了中世纪晚期，城堡的军事意义渐弱，但在某些时期，城堡围攻战仍然是战争的核心，比如1135—1154年英王史蒂芬和玛蒂尔达皇后之间的争斗延续了"十九个漫长冬季"，又比如1215年约翰王和一群反叛领主之间的斗争导致罗切斯特城堡被围攻长达两个月之久。然而，到玫瑰战争时期（1455—1487），战场变成了决胜之地，城堡的防御性已不再那么重要。

从这一时期开始，领主们在设计或改建城堡时逐渐将舒适度放在安全性之前进行考量。他们仍旧想在领地上修筑门楼和城垛，因为它们是权力的象征。然而，满足这些愿望前需要得到国王的首肯，因此爱德华·戴利格瑞治爵士在东萨塞克斯建造博迪亚姆城堡时，不得不向国王申请"修筑雉堞的许可"。结果，一些贵族居所（如肯特郡的彭斯赫斯特庄园和什罗普郡的斯托克赛城堡）被认为是防御型庄园，而非城堡建筑。其内虽修筑了防御设施，但功能仅限于抵挡路过的投机匪盗，对军队的围攻束手无策。爱德华·戴利格瑞治爵士建造的博迪亚姆城堡正是如此，虽有威严的外表却无有效的防御性能——大面积的窗口和防卫薄弱的后方通道意味着它无法长时间抵御进攻。

封建制度下的权力结构

根据1066年由诺曼人引入英格兰的封建制度：国王将被称为"采邑"的土地分封给贵族成员；作为回报，贵族需要向国王效忠并承担一定的责任和义务。此类义务包括：每年为国王服一定天数的兵役；出席宫廷会

上图：这幅《格里马尼祈祷书》中的插图描绘了农民在城堡附近田地中劳作的场景。城堡生活是封建制度的缩影，具有严格的等级制度和极低的社会流动性。（Getty供图）

议，就法律事务和其他政策上的问题提供建议；承担国王的部分开销，比如建造一处皇家城堡的花费。

贵族是国王的附庸，认国王为其领主。贵族再把他的土地分给下属的封臣，封臣向贵族效忠并轮流履行义务。封建制度因此成为一个等级制度，国王以下是包括公爵和伯爵在内的高级贵族和等级较低的贵族，再往下是仅拥有小块采邑的佃农和拥有佃农小块农田的农奴。

封建制度看上去颇为简单，但在实际操作中可能十分复杂。一名封臣可以从不止一位领主那里获得土地，一旦其中两位领主产生冲突，他就会面临向谁效忠的矛盾。在这种情况下，封臣会认其中一位领主为他优先效忠的"主君"。

领主有权要求下属的佃农履行封建义务，但必须为他的佃农提供庇护。领主和他麾下的骑士会阻止不法行为，在必要的时候

骑士的社会地位

封建制度起源于法兰克国王查理曼大帝（768—814年在位）和他手下重骑兵间的君臣关系。这些士兵跟随国王南征北战，换取国王授予的土地。这些封地最初仅限骑士个人终身拥有，后期演变为一种可以代代相传的世袭领地。通过这种方式，人数众多的贵族家族得以拥有大量封地。封建制度的另一种发展是骑士群体的出现。骑士即通过授封仪式加入骑士团的战士。

骑士团里的所有骑士都是平等的。只有骑士可以通过用剑面或手搭在肩膀上的授封礼授予一个人骑士称号，骑士称号也可世袭。理论上来说，任何人只要能证明配得上这一荣誉都可成为骑士。确实有出身卑微的骑士，例如威廉·马歇尔出身相对低微却成为英格兰的领袖之一，被称为"有史以来最伟大的骑士"。然而，实际上，骑士大多属于精英阶层，一方面因为骑士头衔和宝贵的土地所有权在出生时即可继承，一方面也因为成为骑士需要耗费大量金钱配备盔甲、马匹、长矛等装备，仅有富裕人家才供得起。

在封建体系中，骑士的地位介于拥有土地的大佃主（男爵）和扈从之间。扈从指那些还没被准许加入骑士团的武士或准备加入骑士团的年轻人。很多骑士是城堡的建造者和持有人，还有一些为拥有城堡的大男爵和贵族服务。

因此，骑士身份是骑士本人或其祖辈的军事声誉和社会地位的复杂结合体，需要遵循可能很难做到的荣誉准则和宗教约束——骑士是受到教会祝福的"基督战士"，也是基督教信仰的捍卫者，言行举止需要符合教义的期待。

上图：法国勃艮第的圣法尔若城堡距离盖德隆13千米。城堡的主人米歇尔·古约监造了其重建工程。在得知圣法尔若城堡的城墙下掩埋着一座13世纪城堡的遗迹后，他产生了建造盖德隆城堡的想法。

为保护领地而战。另一方面，佃农需要充当劳动力为领主提供服务，上缴部分土地出产的作物或工坊中生产的产品。

在英格兰和威尔士，城堡在封建制度中扮演了重要角色。通过建造和居住在城堡中，一位领主得以维持所得封地上的长治久安。他的家眷、仆人会随他住在城堡中，服务于他的骑士和随侍骑士的扈从有时也会入驻其中。在大礼堂中，领主和他的封臣会面、接受觐见、管理土地、解决争端。这里也是城堡居民共同用餐的场所，领主会在这里召集麾下骑士及扈从举行盛宴，伴以音乐、诗歌和赞颂骑士精神之高尚的比武大会。

封建制度下的生活

在典型的封建领地上，领主下辖城堡周围的一处或多处庄园。庄园内的一部分土地是领主留给自己使用的，即"自留地"。庄园中的佃农被要求拨出一定的时间在自留地上工作——可能是每周两到三天。作为回报，他们被授予领主自留地之外的土地用以耕种，收成的一部分需要上缴领主储存于厨房以备后用。佃农分两种，一种是自由人或乡绅，另一种是农奴。自由人可以自由管理和买卖土地，按照自己的意愿迁离。作为回报，他们需要向领主支付租金或者上缴一定的农产品。与之相对，农奴没有这些自由，他们从属于土地，需要得到许可才可以买卖或交换土地或牲畜。

盖德隆建设项目

大部分我们已知的城堡历史和建造方式来源于历史遗存和文献记载。然而，借由勃艮第北部的盖德隆城堡建设项目，我们得以

腓力式城堡

在 13 世纪早期，为了夺回阿基坦的埃莉诺嫁给英王亨利二世时陪嫁给英格兰的土地，法王腓力二世发动了大规模军事行动，夺回了不少土地。为了巩固疆域，他建造了数个城堡并派兵驻守，试图在法国境内加大王权的影响力和控制力。

为了降低时间和经济成本，腓力二世制定了一种筑城的标准模式，使得快速高效地建造大量城堡成为可能。这一模式以他在 12 世纪末为保卫巴黎而建的防御工事——卢浮宫为原型。卢浮宫最初于 1202 年完工，平面呈四边形，长 72 米、宽 78 米，城墙厚 2.6 米，设有垛口和堞眼，四角设置角塔，中庭内建有宏伟的塔式主楼。之后建造的腓力式城堡中，则将其中一个角楼改建为巨塔。盖德隆城堡也采用了"腓力模式"。

左图：腓力二世在巴黎修建的卢浮宫是腓力式城堡的雏形。这张描绘卢浮宫鼎盛时期景象的插图来自 15 世纪《贝里公爵的豪华时祷书》。（Getty 供图）

窥探中世纪的城堡建造过程和技艺。

在建的盖德隆城堡采用了 13 世纪的风格，且尽可能地使用当时的设备、材料和方法。这是一个实践考古项目，目标是通过筑城获得对中世纪城堡全新、实在的理解。该项目的灵感诞生于 1995 年，由米歇尔·古约提出，他是勃艮第圣法尔若城堡的所有者。这座城堡曾经属于安妮·玛丽·路易丝·德·奥尔良，她是蒙庞西埃女公爵，也是法王路易十四的堂姐。当时，古约花费了超过 20 年的时间，颇为不易地修复圣法尔若城堡，并委托防御工事专家尼古拉斯·福谢尔和城堡专家克里斯蒂安·科尔维西耶对其在中世纪时期的起源进行研究。他们得出的结论是，圣法尔若城堡的砖墙之下埋藏了一座按照法王腓力二世（1179—1223）所定标准建造的中世纪城堡。在研究报告的结尾有一句简单却引人入胜的话："重建圣法尔若城堡会是一项伟大的工程。"正是这句话促成了盖德隆城堡的诞生。

古约于是决定和玛丽琳·马丁一起，遵照腓力二世制定的"腓力式"城堡风格建造一座"13 世纪的城堡"。

盖德隆的领主

在建造盖德隆城堡的过程中，米歇尔·古约和玛丽琳·马丁、石匠大师弗洛里安·雷努奇及历史学家们一起构想出了一个充满想象力但符合史实的故事背景，作为建造盖德隆城堡的依据和灵感来源。为了使故事更加丰满，他们还创造了一个想象中的领主盖德隆，并赋予其可信的生平故事。

盖德隆生于 1199 年，是一位等级较低的贵族。作为库尔特内家族的年轻子弟，他获得了部分家族领地。他与显赫的图西家族的一个分支结亲，新娘带来的嫁妆中包含了森林、磨坊和土地，为他带来了可观的收入。

1228年，他在卡斯蒂利亚的布兰卡领导的皇家军队中对抗叛乱男爵，因战功彪炳获得表彰。作为奖励，他的领主让·德·图西赐予他筑城的许可，他便开始着手在盖德隆建造城堡。这座城堡规模不大，仅可容纳30人，包括领主夫妻、四个孩子和其他家眷，以及守卫、伙夫和其他佣人在内的约12名仆役。

让历史重现

盖德隆城堡建设项目于1997年5月开工，计划用25年的时间建造完毕。按照13世纪的惯例，城堡在每年冬天停工，来年3月复工，在夏季辛勤施工。盖德隆建设项目以超过30万游客的门票收入作为工程资金。每一年，城堡都渐趋完善，一队法国顶尖的考古学家对整个建造过程进行了精心的监督把控。

本书结合了盖德隆项目的设计和施工见解以及目前已知有关11—14世纪英格兰、威尔士、苏格兰和法国等地著名城堡的信息，生动地展现了中世纪城堡在和平和战争时期的不同情境，如城堡的建造方式、居住在城堡内外的居民和他们的日常生活。

下图：盖德隆建设项目启动于1997年。到2009年时，城堡墙基和塔基已安装到位，而大礼堂即将进入屋顶铺设的阶段。

外堡和壕沟

堡墙是城堡的第一道防御工事。在普遍建造城堡的时代初期，城堡抵御外敌的能力是重中之重，因此领主除了会下令在幕墙外围挖掘壕沟或护城河作为第一道防线，还会增设一个配备武装力量的防御区——外堡。守军可以在门楼和堡墙的制高点俯瞰外堡并监视任何接近城堡的人。在筑堡时代的后期，城堡的展示功能已大于实用价值，但城堡外围仍会建造防御工事以彰显其象征价值和主人的威信。

跨页图：加亚尔城堡是一处12世纪的要塞，由英王理查一世（狮心王理查）建造。（Alamy供图）

外围防御工事

中世纪城堡有两种主要类型的外堡：中庭式和通道式。

中庭式外堡通常坐落于城堡的主壕沟或护城河之外，四周设有城墙或壕沟，并通过桥梁与门楼连接。与之相对的通道式外堡通常是门楼的延伸，实际上等同于筑有防御工事的走道，四周通常建有带雉堞的防护矮墙和城墙走道（位于城墙顶端的战斗平台）。

早期的外堡位于门楼前方，为小型封闭式院落，可以为打开时格外薄弱的堡门提供额外的防护，也可供军队在外出前安全地集合列队。建于1180年的多佛尔城堡是一个绝佳的案例，工程师莫里斯于此地建造了两处中庭式外堡，分别坐落于城堡内城区的两

下图：英国约克郡的皮克林城堡在13世纪的模样，其时它的木制主楼和城墙已改为石筑。皮克林城堡原为诺曼人在约1070年兴建的土木结构的高地-堡场式城堡。（Getty供图）

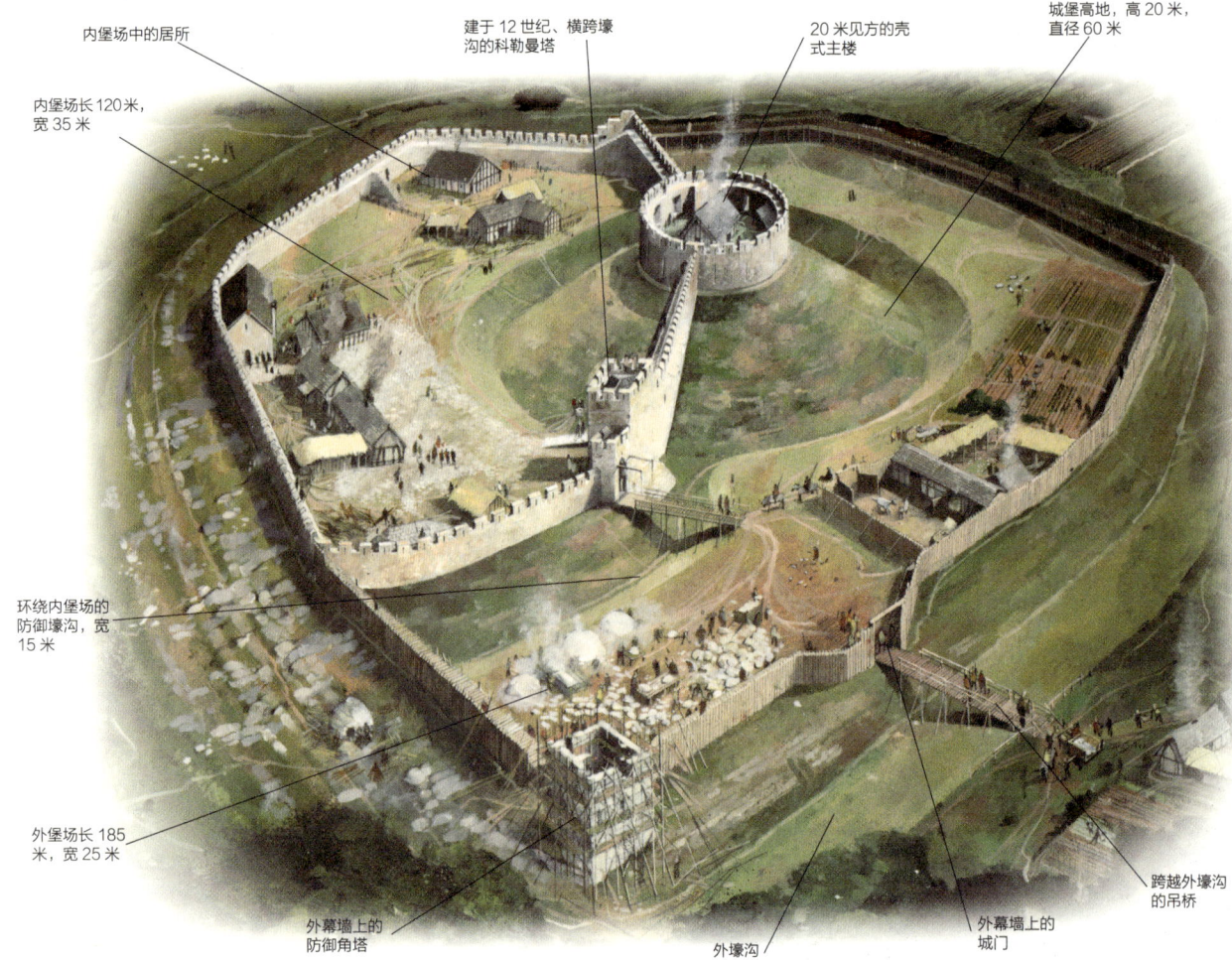

- 内堡场中的居所
- 内堡场长120米，宽35米
- 建于12世纪、横跨壕沟的科勒曼塔
- 20米见方的壳式主楼
- 城堡高地，高20米，直径60米
- 环绕内堡场的防御壕沟，宽15米
- 外堡场长185米，宽25米
- 外幕墙上的防御角塔
- 外壕沟
- 外幕墙上的城门
- 跨越外壕沟的吊桥

上图：多佛尔城堡的总管大门曾于1216年遭法军攻破后损毁，现有的五座塔楼为后期重建。该城堡附设的外堡位于壕沟之外。（Getty供图）

个入口处。驻扎在门楼或幕墙上的守卫可密切监视外堡的情况，为城堡提供额外的防护。

城堡发展到下一阶段，外堡脱离门楼成为独立建筑。多佛尔城堡于1220年左右在城堡壕沟外侧、总管塔的前方建造了一个新的外堡。威尔士的卡菲利城堡也是如此：吉尔伯特·德克莱尔在约1260—1270年在壕沟的中段委托建造了一处外堡。该外堡经由一座吊桥进出，吊桥一端连接壕沟外缘和外堡，一端连接外堡和门楼。

大约同时期，一位工程师或石匠大

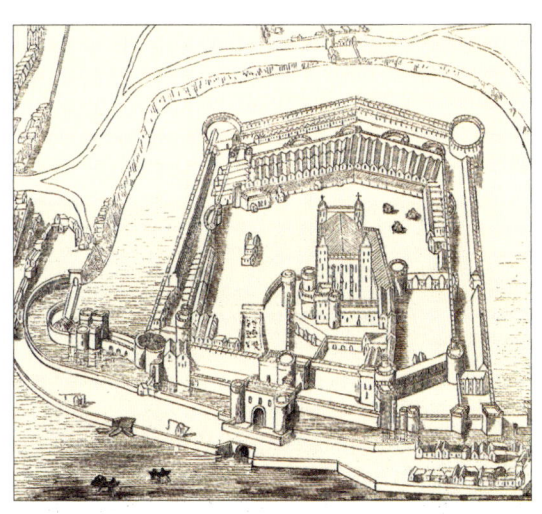

上图：16世纪时的伦敦塔外堡设有带直角弯的通道，后因充当"皇家动物园"而被称为狮子塔。（Getty供图）

015

第1章 外堡和壕沟

师提出了在外堡通向门楼的路径上设计直角弯道的构思。这一构想在第六代萨里伯爵约翰·德瓦伦建造的桑德尔城堡中得以实现。要想进入城堡,必须经由第一道吊桥穿越护城河到达外堡的边缘,然后90°转弯穿越第二道吊桥,才能到达城堡主楼所在的高地。同样设置有直角弯道的外堡还有约十年后(1275)建造于赫里福德的古德里奇城堡以及伦敦塔。

石匠大师

12—13世纪负责规划和建造一处城堡的石匠大师需要具备很多技能。一些石匠大师同时也是工程师,除了营造防御型建筑,他们还擅长制造可怖的攻城武器。通过发明并创造攻城武器,他们能够建造有效的防御设施去抵御并击退这些武器的进攻,两者相辅相成。此外,石匠大师还需要在规划城堡和整备地基的过程中指导涉及地质学和土木工程的事项。

有时,石匠大师还要承担木匠的工作。他们得在拆除原有的木结构防御工事时建造新的石砌建筑,还要设计或者至少监造建筑的木构件,如屋顶梁架、木地板、城门、房门、吊桥、架眼、插槽、脚手架和围板。

无论身兼几职,中世纪城堡的承建人终究还是石匠大师。他们负责搜寻、开采合适的石头,将石块运输至施工现场进行修整,并监督城墙、塔楼、门道和其他防御型设施的建造。他也负责管理包括采石匠、石匠、木匠、砖瓦匠、铁匠在内的工匠团队。在整个施工期间,他必须对领主(城堡的出资人)负责。

通常,由出资人提出想要什么样的城堡,再由石匠大师构思实现的方法。领主同意则动手实施,不同意则进行修改。有时候,领主会提出非常具体的要求。例如,曾参与第三次十字军东征、因军事实力强大而获称

下图:赫里福德郡古德里奇城堡的石砌外堡在12世纪由原为土木结构的诺曼式建筑改造而成。进攻该城堡的士兵必须在通道中转一个90°的弯方可进入。(PD供图)

下图:东萨塞克斯郡刘易斯城堡的三层式雄伟外堡建于1330年。外堡设有圆形角楼,屋顶设有作战平台和十字形箭眼,经由一处外堡通道与11世纪由诺曼人修筑的城门相连。(PD供图)

上图：威尔士的卡菲利城堡外侧东面的主门楼于13世纪80年代由吉尔伯特·德克莱尔下令修建。在门洞上方可以看到固定吊桥锁链的孔洞。（Cadw供图）

右图：据康韦城堡的平面图所示，东西两座中庭式外堡都位于海岬之上。（Cadw供图）

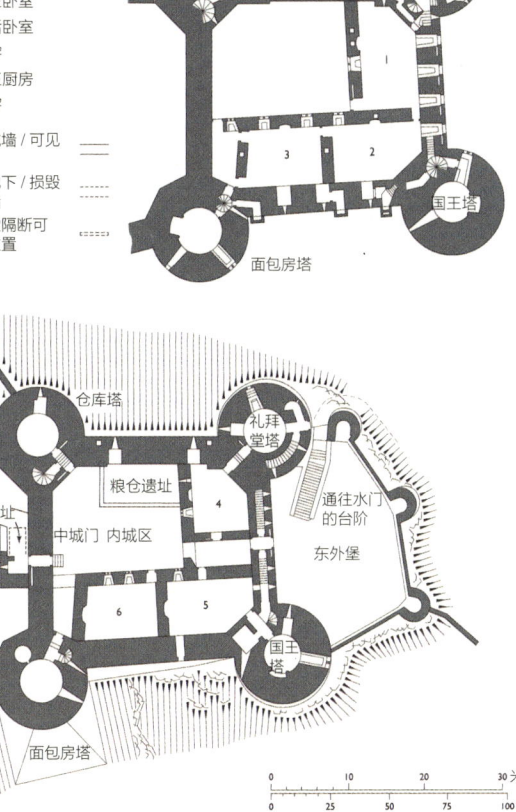

1 国王起居室
2 国王卧室
3 王后卧室
4 地窖
5 国王厨房
6 地窖

残存城墙/可见地基 ——
埋于地下/损毁的城墙 ----
大礼堂隔断可能的位置 ======

第1章 外堡和壕沟

"狮心王"的英王理查一世就在法国加亚尔城堡（1196—1198）的修建过程中提出了很多想法并将其付诸实践。理查一世在加亚尔城堡上所耗费的心力之多以至于历史学家都认为他才应被视为主导营建过程的建筑师或石匠大师。这种情况并不常见，因为通常来说，无论是国王还是重要的领主，经常因事离开城堡的工地。例如1307—1312年，负责为英王爱德华二世建造纳尔斯伯勒城堡新主楼的提希默的休不得不四次离开施工现场去征得国王对于设计细节的批准。

通道式外堡

随着时间的推移，通道式外堡逐渐兴盛，到14世纪已成为主流，原因或许在于它较中庭式外堡具有更强的防御性能。任何靠近主门楼的人都会被困在一个狭窄的通道中，守军可以在四周围墙顶部的防护矮墙上对其进行攻击。大部分通道式外堡还附带有壕沟和开合式吊桥等防御设施。

多佛尔城堡总管塔的外堡或许是通道式外堡的先驱。它设有一段两侧筑墙、与城堡幕墙平行的长通道，可在幕墙上俯瞰该通道。位于南约克郡的科尼斯伯勒城堡设有建成年代更早的通道式外堡，该外堡自护城河边的门楼开出一条两侧筑墙、通向主堡场的通道，通道于一处转向45°而与幕墙平行，再急转90°连接至主城门。

通道式外堡的案例包括东萨塞克斯郡的刘易斯城堡。第七代萨里伯爵约翰·德瓦伦在1330年于此处建造了一处通道式外堡和一处防卫严密的三层式外堡门楼。大约十年后，第十二代华威伯爵托马斯·博尚在华威城堡内建造了一处类似的筑有城墙的外堡以及一处三层式外城门。此处的考古遗迹表明，外堡的塔楼建于护城河的中部，通过吊桥分别连接到护城河外侧的堤岸和主城堡。卡菲利城堡也是这样的构造。

这一时期保存最为完好的通道式外堡位于诺森伯兰郡的阿尼克城堡中，其外城门设有方形角楼和一个内凹式入口。内凹式入口与一条狭窄通道相连，守卫可以在带防护矮墙的城墙走道和主门楼上对其进行监控。此外，通道内还挖有一条壕沟。

双子外堡

威尔士的康韦城堡于1283—1289年由英王爱德华一世建造，其布局和外堡形状取决于城堡所处的地理位置。该城堡矗立在海岬之上，东西两侧各有一个中庭式外堡，为主城堡的塔楼和城墙所俯瞰。西外堡设有附带双子塔楼的门楼。

无论是城堡选址，还是依现有环境调整防御设施，地理位置都是十分重要的考量因素。

挖掘防御工事：壕沟和护城河

许多城堡的壕沟利用了天然的地形特征，还有一些城堡的壕沟则依靠大批农奴和士兵挖掘而成。一些领主利用湖泊或河流作为天然的水系防御工事，也有领主雇用土木专家或水利工程师挖掘并引水填充护城河。城堡选址尤为关键，其位置不仅决定了是否需要挖掘人工壕沟或护城河，也具备其他战略意义。领主通常会选择一个最易防守的地方，比如山顶、悬崖，斜坡顶端或者周边有湖泊或河流等天然水系屏障的地方。能否获得建筑材料以及城堡人员所需的食物和用水是同样重要的考虑因素，甚至是重中之重。

很多宏伟的石筑城堡建在既有的高地-堡场式木结构城堡基址上，甚至于更早的英格兰部落和罗马人的防御工事之上。虽无须另行选址，但改造现有的土木结构基址并在原有的木结构城堡基础之上砌造石构建筑仍是巨大挑战。刘易斯城堡正是由一处高地-堡场式城堡改建而来（城堡内有两处高地，颇不寻常）。它的幕墙依原有的木栅栏而建，壳式主楼也同原本的防御工事一样建于两处高地之上。格洛斯特郡的伯克利城堡和萨里郡的法纳姆城堡也是由原有的高地-堡场式木结构城堡改建而来。

在建造这些城堡时，石匠大师必须极为擅长规划并监督土木建筑的改造过程，或者雇用该领域专家专门负责此项工作。在一些施工现场，石匠大师在新建城堡前不得不拆除原有的石砌建筑。土木专家通常会在另选新址时发挥重要的作用，在当地的地貌水文和石材木材的供应方面给予建议。如果城堡计划设置壕沟或者护城河，水利资源也要考虑在内。一些城堡建设工程还会雇用专门挖掘沟渠的筑堤工。

在盖德隆城堡建设项目的初期，建设团

右图：盖德隆建设项目的早期工作场景。该项目始于1997年，以清理采石场和整备地基为主要工作。治水和防洪在很多城堡的建造工程中也非常重要。

上图：盖德隆城堡中庭水井的深度大约为7米。石匠每天都要使用大量的水来混合建筑材料。

左图：盖德隆城堡水井上方的三脚架支撑着用于打水的绳索滑轮装置。

下图：盖德隆城堡的水井在边缘处砌造出一处出水嘴，便于将打出的水注入桶中。

队选址于一处自然资源丰富的场地。他们知道自己会像中世纪的先辈那样使用大量木材和石头——经计算大约需要 10 000 立方米石料。选定的城址位于一片面积达数公顷的原始橡树林中的废弃采石场，团队可以从采石场开采出砂岩，制作砂浆的砂子，烧制瓦片和地砖的黏土，以及调制涂料用的赭石，还可从周边的森林中获得制作屋顶梁、楼板、挂瓦条和盖屋板的橡木，采石场充分地满足了他们的需求。团队还预估需要大量水资源，所以他们招募了寻水师，在地下不到六米处发现了一处水源并掘出一口水井。

在中世纪，各方时而会为争夺采石场的控制权而发生激烈争斗。胜利意味着一位国王、领主或实权主教获得了建材来源和财富来源，有权开放采石场供他人使用并收取不菲的费用。使用当地的建筑材料在中世纪相当普遍，比如威尔士的康韦城堡、哈莱克城堡和蒙哥马利城堡的大部分石材都来自周边地区，毕竟在交通不便的地方运输建材非常困难，也相当昂贵。现有的资料表明：在1285—1286年，卡那封城堡用于运输的花费约为535英镑，而用于建材的花费约为150英镑，前者几乎是后者的五倍。当时的运输工具主要为马拉的拖车和平板车，由于

上图：在诺森伯兰郡阿尼克附近的一处海岬可见邓斯坦伯城堡遗址的震撼景象。14世纪时，挖掘工在海岬向陆一侧挖掘了一处人工湖，建成了非常有效的水系防御工事。

道路凹凸不平，故而行进十分缓慢，还有部分材料或用驳船经由河道和溪流运输。

天然的防御工事

领主和石匠大师通常希望尽可能地利用天然环境特征，选择一处具备海拔优势及其他有利条件的地点建造城堡。在这种情况下，占地面积和其他地理特征通常决定了城堡的形制，就像法国的希农城堡和加亚尔城堡皆依海岬而建。建造者需要在城址周围部分区域内挖掘一条壕沟或者护城河。然而，在加亚尔城堡，理查一世在城堡外围和堡场之间挖掘了更多壕沟以增强防御性能。

此外，地势高对于城堡的建造来说并不是城堡建造者唯一渴求的优势。例如，英格兰北部的邓斯坦伯城堡由第二代兰开斯特公爵托马斯于1313—1322年兴建，地处诺森伯兰海岸线一处绝佳的岬角上。该座城堡原为一处铁器时代的要塞，便利的水路提供了额外的优势。托马斯充分认识到了水路的潜力，下令让手下的石匠大师和挖掘队沿着岬角靠近陆地的一侧挖掘并引水灌注河道，顺势打造有效的水系屏障，将城堡所在的区域变为易守难攻的岛屿。

整备基址

整备一座新城堡的首要工作是挖掘壕沟，砌造适宜建造城堡的平台或土丘。挖掘壕沟的主要目的是建立防御，也是为了获取砌造平台所需的土壤。同时，还须铺设幕墙和城堡的地基，由大批挖掘壕沟的挖掘工、砌造平台

上图：盖德隆城堡的排水沟。城堡所处的采石场在雨天会变得非常泥泞潮湿，雨水若不及时排掉，则会腐蚀砖石。

的工匠和铺设地基的专业石匠合作完成。

有时，为了确保对某个地区的控制，城堡会建造得非常仓促，但大部分城堡的建造仍要耗费长达数年的时间。盖德隆项目自1997年5月开工，用了三个施工季的时间整备建造城墙的斜坡基址。工人们从事繁重的挖土工作，再用简单的手推车和平板马车移土。他们没有挖设新的防御壕沟，而是利用了已有地形。作为曾经的采石场，其场地已进行过基本的挖掘。

水务管理也是整备基址的重要工作之一。盖德隆的壕沟基本处于干燥状态，但有时也会颇为泥泞而成就其防御性。水务管理面临的挑战是排出基址的水，使工地保持干燥，而非引水灌注护城河。工人把从临近的采石场开采而来的石材铺设在施工区域周围的路上以保持其结构稳定，还要围绕工地挖掘沟渠排空雨水。随后，他们会在建筑工程初期为建筑规划空间时建设排水系统，如在主塔楼的地下室铺设一段4米长的排水管。他们还在城墙墙基处砌筑了斜坡以减少雨水对地基的损害。

采石匠和挖掘工

在一些城堡工地，必须凿穿岩石方可掘出壕沟，因此石匠大师需要雇用专门挖掘和处理岩石的挖掘工和采石匠。这两个角色之间存在紧密的关联，他们都具备专业技术并代代相传。挖掘工通常都在地面工作，而采石匠虽然大部分情况下只要清理泥土和挖出石床，但有时也得到地下工作。

在施工中雇用挖掘工的例子可见威尔士的蒙哥马利城堡。1223年，休伯特·德布尔雇用了一批来自迪恩林区的技术工人，他们携带木槌、十字镐、楔子、杠杆等工具为德布尔建来献给英王亨利三世的石砌城堡挖掘壕沟、铺设地基。另一个案例是多塞特郡的科夫城堡（1207），较蒙哥马利城堡（1214）稍早几年，就已雇用挖掘工挖掘防御壕沟。挖掘壕沟很有必要，因为科夫城堡是当时非常牢固的要塞，约翰王正是将威胁其统治地位的潜在对手"布列塔尼的美少女"埃莉诺监禁于此。

采石匠熟知如何对各种类型的石头进行分级、处理、切割和加工。这需要更深入的知识，因为不同种类的石头需要不同的处理方式。比方说，要劈开柔软的石灰岩，采石匠会用木槌在岩石上敲开一个裂缝，然后把木楔插进去，用水浸泡使其软化，待木头膨胀后，石头就会沿着裂缝裂成两半。然而，此方法对硬度更高的砂岩或花岗岩等岩石并不管用。因此，面对硬质岩石，他们会寻找天然石罅，敲出一两处空隙，插入金属楔子来劈开岩块。采石匠因而需要能够区分各种岩石的特性。他们通常将颜色作为判断依据，例如在砂岩采石场中，岩石的蓝色部分越多表示它越坚硬，也就意味着越难处理。遇此情况，他们会寻找深红色的砂岩替代。

在采石场，采石匠通常遵循命令，为石匠大师寻找特定品质和尺寸的石头。随后，他们会处理石料，有时还得将石材加工成方形供平砌墙体之用。此外，他们还要提供未加工的碎石用以填充城墙内部。除了在采石场工作，采石匠也在城堡工地内担任石匠或凿石工。

地道

石匠大师也会雇用挖掘工在城堡中挖掘

上图：威尔士波厄斯郡蒙哥马利城堡的内堡场始建于1223年。附近还建有一座时代更早的高地-堡场式城堡——亨多门城堡（1071—1074）。（Cadw供图）

建造技术：劈开砂岩块

盖德隆城堡于一处砂岩采石场上建起，采石匠清理掉土表的沙子后便可以看到下方不同尺寸和硬度的砂岩石床。按照石材的用途，采石匠遵照石匠大师的指令挑选质地合适的砂岩，将其切割成适用于某种特定用途或某个特定部位的大小。这是一项繁重的体力劳动，掌握专业知识有助于节约大量时间和体力。采石匠需要能够"看懂"岩石。他们在石床表面寻找天然石罅，将石罅扩大后，再小心翼翼地将大块砂岩劈成两爿。

1. 采石匠在检查岩石表面并认定一条裂纹后，会将一个金属楔子插入选定的缝隙并用锤子砸实。楔子需要以恰到好处的角度插入。

2. 采石匠按照天然石罅的自然走向在距第一个楔子30—45厘米处插入第二个楔子。

3. 一旦楔子被完全敲入石缝，石头就会沿着天然石罅裂开。图中可在石块边缘看到楔子插入的痕迹。

工具和设备：采石匠的工具

在中世纪，采石技术以师徒相授或父子相传的方式延续。盖德隆的采石匠不得不现学相当多的技术，直接在工地上学以致用。1997—1998年，即项目初始阶段，工人发现使用炸药会产生很多过小而无法使用的石块，使用膨胀水泥又会产生污染，于是他们学习并熟练掌握了利用中世纪工具劈开岩石的方法。工具如下图所示：

楔子和凿子

采石匠利用楔子沿着天然石罅将大石块劈为小块。凿子和冲子用于将岩石打凿出孔眼。冲子为尖头，凿子为平头。

长柄大锤

劈开岩石的工作由采石匠两两一组、合作完成。其中一名工人将长柄采石锤锤头的凹面以一定角度对准岩石，他的搭档则用一把大锤敲击采石锤锤头的另外一面。

裂石楔

为了确保楔子能够牢牢插入石中，采石匠会先清除石头上所有的泥尘，再将楔子砸入两片薄薄的铁楔中。

杠杆

劈开较大的砂岩后，需要使用杠杆将其从原先的地方抬起以便搬离。砂岩和其他石块通常用马拉车或手推车来搬运。

上图：在多塞特郡的科夫城堡，约翰王雇用挖掘工凿出了一处防御性壕沟。其父亨利二世于1105年之前用本地的波白克石灰岩建造了石砌主楼。

上图：威尔士的哈莱克城堡于1282—1289年由爱德华一世下令建造，其东南角设有凿石而成、抵御外敌的壕沟。（Cadw供图）

地道。在法国北部的拉罗什吉永城堡中即可看到一处连接防御工事的地道。位于高地的城堡控制了塞纳河的一处渡口，城堡内挖了一处地道联通12世纪建于悬崖顶上的城堡主楼和13世纪建于下方河边的防御建筑。此外，地道还通向水井，或作为出入口连接城堡内部或外区到城堡外侧或防御工事外围。法国希农城堡中由腓力二世建造的圆柱形主楼——库德雷塔内建有一处与内堡场水井相连的地道。同时，英格兰的温莎城堡和多佛尔城堡于13世纪20年代建造了通向内堡场和外堡场的地道，供守军对敌军发动突袭。为此用途而设置的地道被称为"突破口"（sally port）。

护城河

干涸的壕沟是最为常见的防御设施，但在当地环境允许的情况下，领主也会建造水

不同种类的岩石

在中世纪的采石场或建筑工地上，每一块石料都要做到物尽其用。上等的石料会在修整后用于砌筑城堡最显眼的部分，质量较差的石料则会被用作城墙或铺地的填充物。采石匠是挑选石头的专家，可以根据盖德隆开采出的石料的颜色判断石头的质量高低。

黄色石头
发黄的砂岩最松软。石匠大师会选择这种石料用作填充的碎石。

红色石头
发红的砂岩硬度中等，由雕石匠雕刻后用作饰面石材。

蓝色石头
发蓝的砂岩最坚硬，也最难加工，通常用作过梁等承重部件。

上图：盖德隆采石场的一名工人正在用圆头锤和冲子劈凿石块。运输建筑材料是建造城堡的主要花销之一，工地附近若有采石场可节约大量资金。

上图：希农城堡由英王亨利二世于12世纪重建。堡内区域分为三块，由干涸的护城河分隔而成。该堡于1205年遭法王腓力二世攻陷，他下令修建了主楼和一条连接主楼与内堡场的地道。

系防御工事——护城河。护城河的优越性在沃里克郡的凯尼尔沃思城堡于1266年遭遇的大围攻中充分展现。自6月21日至12月14日，由西蒙·德·孟福尔伯爵的支持者组成的叛军将亨利三世和黑太子爱德华率领的皇家军御之门外长达六个月之久。守卫得以成就此壮举正是因为护城河将围攻者的投石机和其他武器阻挡在射程之外，而攻城军在晚上渡河的尝试也宣告失败。

凯尼尔沃思城堡的水系防御工事最初由国王亨利一世的司库乔佛里·德克林顿于12世纪20年代建起。他在法汉溪和英契福溪上筑坝，引水淹没了城堡西面和南面的土地，同时在北部和东部挖掘了一条护城河。在13世纪初，约翰王加高大坝，建造了一个长约1.5千米的防御性"小湖"。

既然水在城堡防御中起到了关键作用，领主便免不了雇用一位治水和挖掘沟渠的专家来建造水系防御工事。以赫特福德郡的伯克姆斯特德城堡为例，莫尔坦伯爵罗贝尔于1066年下令为该高地-堡场式城堡挖掘一条复合型护城河，该护城河自溪流引水并泄入临近的布尔伯恩河。

现存文献表明，法兰德斯地区的挖沟工和筑堤工由于所筑堤坝防御性能好而尤为受欢迎。例如，有个名叫约翰·勒福索的工匠在13世纪40年代受雇于亨利三世，为其在伦敦塔建造水系防御工事。英国水利专家也占有一席之地，法兰德斯的亚当（他其实是来自东盎格利亚沼泽地附近萨福克郡的英国人）

先后于 1300 年和 1302 年在邓弗里斯城堡和林利斯戈城堡主持了护城河的修筑工程。我们从现存的文献中可以得知：当时在林利斯戈城堡有包括各自工头在内的多支 20—30 人挖沟工团队在亚当的指挥下工作。

  渐渐地，建设水系防御工事成为各地领主设计城堡防御体系的普遍趋势。例如，曾参与 1266 年凯尼尔沃思城堡大围攻、因一头红发而被称为"红发吉尔伯特"的诺曼领主吉尔伯特·德克莱尔下令在卡菲利城堡附近筑坝拦截溪流，引水淹没城堡的周边地区以形成三个防御性"小岛"：中央城堡区和东西两处前哨堡区。再如，肯特郡的利兹城堡于 1278 年落入爱德华一世之手后，通过筑坝拦截伦河而扩大了水域范围。建成年代较晚的博迪亚姆城堡也是一个重要的案例。该城堡由爱德华·戴利格瑞治爵士于 1385 年得到理查二世颁发的许可后修建，设有一处引自当地泉水

上图：肯特郡的利兹城堡是爱德华一世最喜爱的居所，通常认为此处的水系防御工事由他下令建造。城堡内大部分建筑为19世纪重建。

的防御性湖泊。值得注意的是，在这一阶段，城堡防御工事的展示功能已高于实用价值，博迪亚姆城堡即如此。虽然设置有吊闸、城垛及吊桥，但博迪亚姆城堡墙上大面积的窗户和守卫薄弱的后门使其根本无力阻挡敌人来犯。

下图：始建于1268年的卡菲利城堡地处威尔士格拉摩根，因其通过在当地溪流中筑坝形成水系防御工事而闻名，亦以其轴心环形设计著称。（Cadw供图）

2

门楼、塔楼和吊桥

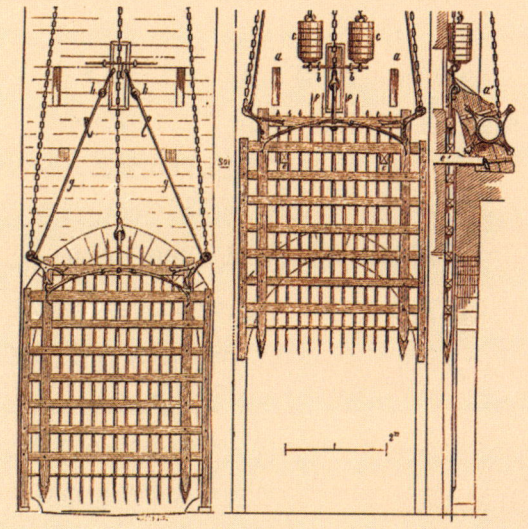

主入口是城堡防守最为脆弱的区域之一。早期的城堡通常在门道上建有单座塔楼，后期则发展出了防御性能更好的双塔门楼。门道上建有多重防御设施，包括可伸缩的吊桥、吊闸和通道拱券内的谋杀孔，沿幕墙还建有侧翼塔楼和角塔以提供火力掩护。

门　楼

　　11世纪早期的城堡仅存在单塔门楼，但到了后期，石匠大师改进了入口门道，建造了双塔门楼、防卫森严的通道以及吊桥、吊闸门、双开城门、堞眼等一系列令人生畏的防御设施。建于1296年的卡那封城堡的国王大门可谓这项技术发展的顶峰，该城堡由英王爱德华一世为镇压威尔士、以提供有效防御为核心目标而建造。

　　在萨福克郡，第二代诺福克伯爵罗杰·毕格德于1190年为弗拉姆灵厄姆城堡建造了一处单塔城门并装设了吊闸以加强其防御性能。在大约同一时期，别处的石匠大师逐渐意识到在门道上建造双塔具有防御性能上的优势。通向多佛尔城堡内堡场的两条门道建于12世纪80年代，两侧即建有矩形塔楼；约1190年，彭布罗克伯爵威廉·马歇尔在威尔士位于怀伊河上方悬崖边的切普斯托城堡建造了一个带有圆形双塔的宏伟外门楼。这座城堡最初由第一代赫里福德公爵威

上图：此幅中世纪的细密画描绘了一处建造中的城堡。一名工人操作踏步人力绞车将沉重的建材运至塔顶，地面上则有石匠打磨和运送石块。（Getty供图）

下图：切普斯托城堡的门楼由威廉·马歇尔于1190年前后建造，它是英格兰和威尔士首座建有圆形双塔门楼的城堡。它还配备了包括两扇吊闸在内的严密防御设施。（Cadw供图）

廉·菲茨奥斯本于1067年建成，后由被坎特伯雷大主教史蒂芬·兰顿誉为"有史以来最伟大的骑士"的马歇尔根据其在十字军东征和法国境内的斗争中得来的征战经验加以改建。他不仅增筑了门楼，也加强了其他的防御设施。

　　切普斯托城堡中由威廉·马歇尔建造的双塔门楼位于拱形门道前部，门楼的上下两

层都设有箭眼供守卫进行火力掩护。门道内还设有堞眼，即门道顶部的开口，供守卫在此下抛投掷物或用武器攻击敌军。门道上还设有前后两道吊闸，两者之间安有双开城门。此处设计颇具开创性，是英格兰和威尔士地区的第一座圆形双塔门楼。盖德隆城堡的门楼在完工时也会附设直径8米、高15米的圆形双塔。

后期，双塔门楼蔚然成风。约翰王于1204—1216年在多佛尔城堡西北侧建造的门楼附设两座平面呈D字形的近圆形塔楼。1210—1212年，凯尼尔沃思城堡的石匠大师采用了类似的设计，在已有的门楼（莫蒂默塔）上增筑了两座D形塔楼。双塔上设有朝向前方和两侧边道的箭眼，城门通道也有所加长以增设防御措施，整条门道上至少设有三道城门和两扇吊闸。

制浆工和砌石工

除了凿石工，中世纪另有两组根据石匠大师指令修建门楼和其他堡内建筑并确保结构稳固的工人，分别为制备砂浆的制浆工和用抹子、铅垂线和水准仪砌筑城墙的砌石工。砌石工在当时的一些文献中也被称为粗石工。

制浆工使用石灰、砂子和水为原料制作砌筑墙体的黏合剂，通常用一种类似现代花匠所用的园艺锄将地面砂浆板上的砂浆搅拌混合。各地不同的土地状况使得砂子的质量不同，故而砂浆调配的成分、比例也各不相同。

制浆工制造的砂浆主要可分为三种关键种类：一种高可塑性的砂浆用于砌筑拱券，一种质地精细的砂浆用于砌筑墙面，还有一种质地较为粗糙的砂浆用以黏合墙心的碎石。尽管人们知道制浆工可以调整石灰的占比、砂

建造技术：制造中世纪的砂浆

施工团队制备砂浆用以黏合石块。砂浆分为两种，一种用以黏合墙心的碎石，一种用以固定墙面的石块。墙心的砂浆由等比的砾石土、砂子和非水硬性石灰膏制成。墙面使用的砂浆则由配比为二比一的砂子和石灰制成。

1. 将一篮篮采自采石场的砂子倾倒于砂浆板上，其中具有棱角的砂子混入石灰后会凝结在一起。
2. 往石灰中加水，搅拌混合至奶油般细腻的程度。
3. 将石灰膏倒入砂子中，再用长柄锄头搅拌混合。

建造技术：烧制石灰

2015年，盖德隆城堡施工团队在法国预防考古研究所的考古学家的帮助下，采用中世纪方法建造了一座实验性质的石灰窑。

这个石灰窑址靠着一个土坡堆造而成。在火塘上方，石匠用小块的石灰石堆砌了一个穹顶，在其上覆盖黏土，再在火塘里点火烧制三天三夜以生成生石灰。烧制完毕后，石匠小心地取出生石灰块，将其投入水桶中。这个过程称为"熟化"，可以制备用以调制砂浆的非水硬性石灰膏。

1. 在城堡附近的工匠村内，施工团队在一处土墩上建窑实验烧制石灰。他们用砌筑石匠住处的石灰石下脚料砌造了一个穹顶。

2. 穹顶上覆以麦秆和黏土所制的隔热层，再在窑内点火。在点火的最初几个小时里，窑内的烟会"熏"出石灰石内的水蒸气。

3. 柴烧的石灰窑必须升温至900℃—1000℃。施工团队必须72小时昼夜不停地工作让窑炉维持该温度不变。

4. 烧造完成后，工匠移除窑顶上的黏土，露出烧好的生石灰。他们会佩戴防尘口罩以防吸入浓烟。不过中世纪的工匠可能仅使用简单的方巾。

5. 在最后的阶段，工匠将生石灰倒入水桶中熟化，熟石灰要先静置数月，再用来制造砂浆。

子的等级和水的分量以制成不同种类的砂浆，但是精确的配方仍由父子相承、师徒相授，一般人无从得知。质地粗糙的砂浆可能需要几百年的时间才能达到凝固状态。考古学家也确实在一些中世纪的墙心里发现填充其中的砂浆在数百年后的今天仍没有完全凝固。这种具有流动性的砂浆让石墙能够缓慢地成型。盖德隆城堡使用的砂浆是用非水硬性石灰制作的，一旦施用，也需要耗费很长的时间凝固。

盖德隆制造的中世纪砂浆

盖德隆施工团队起初使用产自卢瓦尔河的河砂和工业生产的水硬性石灰制造砂浆，成分与中世纪砂浆相距甚远。由于这样生产出的成品与当地原有建筑所用的砂浆相比存在颜色过白且凝固过快的缺点，施工团队并不满意，因此城堡科学委员会的一名专家联系了擅长制造砂浆的考古学家克里斯蒂安·勒巴里耶。

勒巴里耶调查了附近的拉蒂利城堡和圣法尔若城堡，将两处砂浆样本和他在盖德隆工地上用非水硬性石灰膏和来自盖德隆采石场的砂子制作的样品相比较，结果表明他制作的样品和来自拉蒂利城堡和圣法尔若城堡的样本成分相同。自此，盖德隆施工团队的制浆工开始使用非水硬性石灰和当地

上图：从这张复原了多佛尔城堡于1300年前后面貌的图中，我们可以清楚地看到轴心环形防御工事的样貌。留存至今的多佛尔城堡尽管变化较大，仍是中世纪最为宏伟的城堡之一。（Getty供图）

采的砂子混合制成灰浆。该成品的物理和化学特性与中世纪材料更为相近，具有更高的原真性。

进攻和防御路线

门楼的位置构成了一处关键的防御节点。在加亚尔城堡，理查一世和手下的石匠没有把进出外堡场的大门设在敌军入侵必经的主路上，而是将其设于一座边墙之上。这样一来，进攻者就必须沿着外堡场的东北墙行进，而沿途的幕墙上都有弓箭手严阵以待。多佛尔城堡的双塔门楼原本位于通向外部的主路上，在1216—1217年遭遇围攻时充分暴露了其脆弱性，不仅损毁严重且部分坍塌。亨利三世的石匠大师在重修该堡时将入口移至西面幕墙，迫使敌军在守卫的监视下沿着幕墙行进，这种设置和加亚尔城堡相同。

门楼内的居民

约1220年起，一些石匠大师开始在门楼内建造居住设施。多佛尔城堡内建于1220年前后的总管塔和蒙哥马利城堡内建于1223年的南门楼是这种发展模式的早期案例。后期则发展出了具有主楼功能的大型门楼，成为城堡失守时守军得以撤退的居住要塞。

许多城堡门楼内设有城堡总管的居所。总管负责在领主外出时守卫城堡，通常在门楼上层享有设施齐全的房间。例如：卡菲利城堡的东门楼是整座城堡中最为坚固的防御工事，在较高楼层设有总管居所，包括三层上一间设有巨大壁炉的宽敞寝室。一些城堡内也设有精心布置的客房供战争中被俘的骑士和贵族居住。这些俘虏虽然行动受限，但居住环境颇佳，也可以在城堡内自由走动，

上图：普鲁杜城堡的防御系统卓有成效。它是诺森伯兰郡唯一没有在12世纪70年代苏格兰的威廉一世领军入侵时沦陷的城堡。

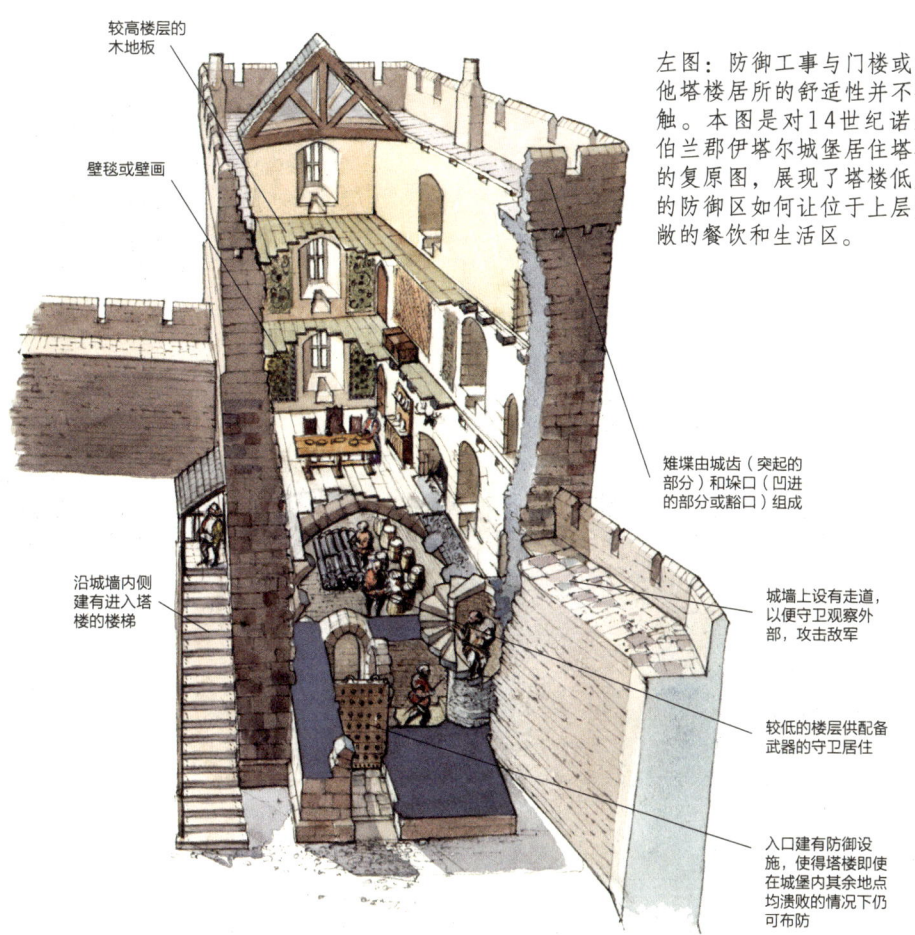

- 较高楼层的木地板
- 壁毯或壁画
- 左图：防御工事与门楼或其他塔楼居所的舒适性并不抵触。本图是对14世纪诺森伯兰郡伊塔尔城堡居住塔楼的复原图，展现了塔楼低层的防御区如何让位于上层宽敞的餐饮和生活区。
- 雉堞由城齿（突起的部分）和垛口（凹进的部分或豁口）组成
- 沿城墙内侧建有进入塔楼的楼梯
- 城墙上设有走道，以便守卫观察外部，攻击敌军
- 较低的楼层供配备武器的守卫居住
- 入口建有防御设施，使得塔楼即使在城堡内其余地点均溃败的情况下仍可布防

多佛尔大围攻

1216—1217 年，多佛尔城堡被反叛英格兰约翰王的法国王子路易率军围攻了十个月。路易被这些反叛贵族拥护为英格兰国王，甚至在伦敦宣告，但驻守城堡的英格兰最高法院大法官休伯特·德布尔及麾下由140 名骑士组成的护卫队仍拒不投降。1216 年 7 月，路易开始率军围攻多佛尔城堡。他们首先用攻城车攻下了城堡主要的出入口。随后，在"猫"（一种带轮子的篷子，躲在其下可以抵御投掷物和箭矢的攻击）的掩护下，路易的部队得以进入外堡，毁坏防卫用的橡木围栏并占领外堡。路易下令让工兵破坏门楼的地基且成功挖塌了门楼双塔中的一塔，但随之发现坍塌产生的缺口已被守军用路障封堵，于是他们只得撤退出去，往后也没有再发动如此近距离的进攻。此役后，法军转而采取了长期围困的策略，直至路易打消成为英格兰国王的企图。（Getty 供图）

上图:哈莱克城堡外幕墙上的箭眼。墙内弓箭手虽然视野狭窄,却可免受敌军武器的直接伤害。(Cadw供图)

左图:哈莱克城堡东门楼的背立面(内立面)。门楼上层的房间十分舒适,每间都有一个壁炉。每层楼皆设三扇可以俯瞰内城区的窗户。(Cadw供图)

一旦家人或盟友交付赎金即可获得自由。但与之相对,门楼底层之下也设有地牢,无权无势的犯人被锁起来,只能哆嗦着祈求宽恕。门楼里通常还设有礼拜堂,诺森伯兰郡的普鲁杜城堡即属此例。有一种说法是领主和手下的石匠大师希望通过在此处设置礼拜堂以阻止邪恶和不幸进入城堡。

守卫和防御设施

平日里,门楼内有一名门卫负责管理人员进出。一旦城堡遭到攻击或接到

右图:哈莱克城堡门楼内部通道上所设谋杀孔的残迹。拱脚石的存在表明了谋杀孔的位置。(Cadw供图)

上图：图中描绘了一支军队围攻一处中世纪城堡的场景。攻城军拉动长弓、装载弩箭射击堡内守卫，左侧还有士兵试图攀梯上墙。守卫则在城头挥剑杀敌，向下抛射投掷物或向下方的军队倾倒液体。这幅细密画出自让·傅华萨所著的《编年史》，描绘了1340年埃诺伯爵让的军队对法国城市欧邦通发起围攻的场景。（Getty供图）

敌军入侵的警告，守卫便会汇聚到门楼，在门道上方的卫兵室向敌军发射箭矢、投射投掷物或倾倒液体。有的门楼会在墙面上设置排水槽，一旦敌军点火烧城，即可顺此排水槽倒水灭火。

防御设施和居住设施在设计门楼时是同样重要的考虑因素。1250—1265年，理查·德克莱尔和其子吉尔伯特·德克莱尔在肯特郡兴建汤布里奇城堡，其宏伟的双塔门楼即属此例。这个门楼的 D 形侧翼双塔上下三层均设箭眼，二层设有私人寝室，三层则是大礼堂。门楼的入口通道亦设置多道防御设施。门道两侧的底层各有一卫兵室，每间卫兵室设两个箭眼供守卫向敌军开火。两间卫兵室各有一道通向二楼房间的楼梯，守卫可以在此操控吊闸，利用堞眼内侧或谋杀孔攻击下方的敌军。沿此楼梯，可继续通往上方楼层和防护矮墙，守卫即可由此前往外侧堞眼。

处于攻击下的门楼

从外部入侵的敌军在进入布满堞眼的通

左图：萨塞克斯郡宏伟的赫斯特蒙苏堡建于15世纪中叶，城堡内建有防御工事。就像这座城堡的缔造者罗杰·费因斯爵士一样，当时的贵族领主较应对潜在危险的防御性能更看重城堡的外观和等级。

道前就会先后遇到一连串堞眼、吊闸、内开城门以及更多的堞眼。通向两间侧室的门前也各设吊闸，中间遍布着另一排堞眼。门道的设计意在抵御来自外部和中庭两个方向的进攻。如果敌军从中庭进入门楼也会遇到一连串堞眼、吊闸门、内开城门和更多的堞眼。

爱德华一世时期的门楼

以上种种防御措施意在使门楼于被攻破时抵御各个方向来的进攻。事实证明其效果相当理想，因为吉尔伯特·德克莱尔随后又按照这一式样在1268—1271年建造了另外一个门楼，即卡菲利城堡的东门楼。

汤布里奇城堡和卡菲利城堡的门楼后来都成为13世纪80—90年代爱德华一世在威尔士建造城堡的参考模板。哈莱克城堡的门楼设有汤布里奇城堡那样的D形防卫双塔，每层设三扇可以俯瞰中庭的窗户，上两层被分隔为数个配壁炉的房间。有一种说法是门楼二层为城堡总管的住所，三层则是用来招待贵宾的，甚至可能是国王的房间。

门楼设置了三重吊闸和两扇以上的厚重城门以加强防卫。外侧则为双开城门，通过一根横木插入城墙上的开孔来拴住。这扇门后另有两重吊闸和一扇带横木的门。其后还有一道吊闸，此吊闸前或许也设了一扇厚重城门。前方的两道吊闸升起时可以收入二楼前部的房间中（此处曾为一间礼拜堂），第三道吊闸门可以升入后侧两间房室中的一间。二层还设有用于升降吊闸门的绞车，门楼的里侧则设有通往外部的外部楼梯。

卡那封城堡的国王大门建于1296—1323年，其所设防卫更加严密，在建有防御工事的入口通道中设计了一处直角弯。进入大门需要经过一座吊桥（通道上设有孔洞供吊桥收起时嵌入其中）进入依序布有两道吊闸、成排堞眼、数道城门的走道，在走道上右转 90° 通往另外一道吊闸和几扇城门，最终抵达下层堡场（卡那封城堡的门楼未曾完工，故其设施情况仅为推测）。通过走道可进入四间卫兵室，两间位于前部，两间位于后方。

爱德华一世时期防守严密的威尔士城堡大多为军事要塞，由于经常遭受猛烈进攻，故而需要上述种种防御机制来抵御入侵的敌军。城堡内很多设施都针对过去失守之处进行了改建。例如，在石匠大师赫里福德的沃尔特建造国王大门之前，卡那封城堡曾于 1294 年落入威尔士人卢埃林之子马多格手中，一年后方被英王夺回。此后的卡那封城堡是爱德华一世在北威尔士的统治中心，它的象征意义和实用价值同等重要。

典雅和对称

到了 14—15 世纪，城堡防御功能的重要性已经下降，但大型门楼仍旧是城堡的重要特征之一。门道两侧往往建有左右对称、防守严密且威武雄壮的多边形塔楼，例如：第一代亨廷顿伯爵威廉·德克林顿在 1345 年建造于沃里克郡的马克斯托克城堡，以及亨利六世的司库罗杰·费因斯在 1441 年建造于萨塞克斯郡的赫斯特蒙苏城堡。这两座城堡都是以城堡形式建造的贵族官邸，实际的防御功能有限。

下图：盖德隆城堡预计于 2025 年完工，下为完工后的外观示意图。城堡内将建造一栋高大的双塔门楼，右侧的巨塔则会设置木制围栏以抵御外部入侵。

防御塔

早期的石砌城堡依靠士兵在设有雉堞的城墙走道上巡逻以及在城门内装设各种防御设施加以防卫。后来,石匠大师开始沿城墙设置塔楼,并在塔楼上设置箭眼以增加攻击的命中率。

在多佛尔城堡,英王亨利二世于1180年前后在内幕墙和一段外幕墙的斜面基座上建造了防御塔楼。其中,震撼的阿夫朗什塔矗立于外幕墙的东隅。此座塔楼由多座设有箭眼的方形塔组成,承托这些塔的墙面上亦布有箭眼,这种设计在当时实属先例。该塔呈半八棱柱体,增加了弓箭手的射击范围。每层设有三个一组的孔洞供弩兵从三个方向进行射击。城墙内的廊道可以通向这些射击平台。然而,多佛尔城堡在此时期兴建的阿夫朗什塔和其他防御塔虽然设计有大量防御设施,但面向城堡内部的一侧均为开放式,一旦城堡被攻破就会丧失其防御功能。

圆塔的优势

第二代诺福克伯爵罗杰·毕格德于1190年修筑弗拉姆灵厄姆城堡时将内堡场幕墙中的一段修筑为嵌入类似方形防御塔的城墙。同一时期,各地还建造了一些多边形塔楼,例如科夫城堡六边形的巴特文塔、1190年前后建于伦敦塔内的钟塔。此外,法国的希农城堡,以及约克郡的科尼斯伯勒城堡和切普斯托城堡陆续修建了半圆形、D形或圆形的墙塔。威廉·马歇尔于1190年后在中堡场的城墙处修建圆形塔楼。理查一世于1196—1198年在法国建造加亚尔城堡时,则沿着中堡场和外堡场的幕墙建造了一系列圆柱形防御塔。

石匠大师发现圆形塔楼比方形或多边形塔楼更加稳固,即使在敌军逼近塔楼并挖掘塔基的策略下也不易倾覆。挖掘塔基的策略在路易王子围攻多佛尔城堡时发挥出了作

左图:加亚尔城堡。背景中可见巨塔和内堡场,前景所示则为现已损毁大半的中堡场。中堡场城墙的前侧原本建有一排圆柱形防御塔楼。

右图：位于多佛尔城堡外幕墙东隅的阿夫朗什塔。图中为弩兵使用的射击平台，显示了守卫选择的射击方向。（PD供图）

用。圆塔较于其他形制的塔楼能更好地抵御此类进攻，也提供了更大的发射面供塔内弩兵通过墙面上的箭眼向敌军发射致命的弩箭。圆塔还具有另一优势，即不容易被攻城武器抛射的投掷物砸中。

圆塔

石匠大师在规划塔楼的时候往往会从简单的几何形状开始设计。他们会做一个简单的三维模型，以便和出资的领主讨论城堡造型时用以参考，有时也会制作建筑细部的模型，例如盖德隆项目的木匠就为礼拜堂塔旋转楼梯的台阶制作了一个木制模版。此外，简单的几何绘图也被用于表现塔楼的外观造型。

下一步通常是在地上用木钉和绳子标记出形状。盖德隆的施工团队则制作了一个大"圆规"。他们在规划好的塔楼中心竖起一根长杆，再将一根横杆与之相连。随着中心长杆的转动，横杆和与其相连的铅垂线就会在地上画出一个完美的圆形。划定塔基范围后，工人即可着手挖设地基。

通常，石匠大师、石匠、木匠和工人不得不为了契合当地地形或最大程度地利用材料而调整施工计划。盖

下图：第五代诺福克伯爵罗杰·毕格德于1287—1293年在切普斯托城堡的下层堡场修建了马滕塔。该塔矗立于陆地通往城堡的通道上，墙基筑有斜向斜坡以保护基座免受攻击，在后期被用作城堡的监狱。

下图：南约克郡的科尼斯伯勒城堡是由金雀花王朝的哈梅林·德瓦伦于12世纪下半叶修建的石砌城堡。该复原图描绘了13世纪哈梅林的儿子为城堡增筑幕墙和D形半圆防御塔楼后的样貌。（Getty 供图）

- 高27米的多边形主楼
- 依幕墙而建的D形塔楼
- 环绕内堡场的幕墙
- 城堡地势险峻，坐落于顿河上方53米处
- 突出于门楼的外堡

德隆建设项目也是如此，施工团队不得不改变策略，运用常识克服难以预料的困难。例如，盖德隆城堡的塔楼在砌筑至高层并铺设好地板后出现了一个问题，即容易找不到塔楼的中心。一旦中心偏移，塔身很容易变形且失去结构完整性。鉴于盖德隆城堡的平面基本呈长方形，石匠大师及其团队发现可以通过城墙墙面在角上的延伸线找到塔楼的中心点，继而在此位置建造"巨塔"。于是，他们沿着东幕墙和北幕墙拉线，将两线的相交点作为塔的中心。

D形防御塔

防御塔还存在横剖面为D字形的形制。腓力二世于1190—1192年建造的卢浮宫以及约翰王于1201—1204年在科夫城堡建造的西堡场城墙均采用了此种设计。科夫城堡的塔楼背后没有坚固墙面，其上设有四个箭眼，弓箭手可以从其中两个箭眼瞄准幕墙沿线，而从另外两个瞄准城墙外围。约翰王在多佛尔城堡的西侧城墙和北侧城墙也筑有此类D形防御塔。此处塔楼背靠坚实墙面且朝幕墙内侧突进。如果要沿幕墙加筑防御塔，D形塔楼相较圆形塔楼更易修建，又具备圆塔在防御上的许多优势，例如射击线有所改良，墙基也不易遭到破坏或被投掷物击中。

箭眼

在遵循腓力二世所定标准建造的13世纪法国城堡中，箭眼采用了与英格兰金雀花王朝全然不同的设计。腓力式城堡视城墙的稳固性重于使用上的便利性和弓箭手视野的

开阔程度，盖德隆城堡也是如此。这些城堡的箭眼高约60—120厘米，宽度仅有5—10厘米，斜面呈V字，内侧开口狭窄，外侧开口宽大。这类箭眼虽然仅可供弓箭手向一个方向射击，但其制造简单迅速且造价低廉，足以抵消这一缺陷。金雀花王朝所建城堡的箭眼布于城墙之上，并在下部设有脚撑以供弓箭手射箭时保持稳定。有些箭眼在垂直缝隙的中部设有水平开口，呈现十字形的视觉效果，作用是扩大弓箭手的射击角度。两种箭眼都应战略需要设置于角楼和幕墙之上，以便最大限度地扩大守卫的射击范围。

箭眼是为了便于弩兵使用而设计的，这是因为在城堡的封闭空间内弩比长弓更易施展，还能够直接射穿敌军的盔甲。技术高超的弩兵具有很高的精准度。他们平日在城堡中会把弩箭（坚硬的金属钝头镞或方镞箭）存放在手边的木桶里，以便随时抓取，装填入弩，进行射击。

箭眼的种类

箭眼的布设对于防御工事的性能好坏而言十分重要。汤布里奇城堡坚固的双塔门楼设三排箭眼，其分布并非上下对齐，而呈互相交错的形式，在塔楼正面排成菱形，使得弓箭手的火力足以覆盖塔前的一片弧形区域。塔楼前方还挖有一条仅可经吊桥跨越的壕沟，使得敌军更难以进犯。刘易斯城堡的宏伟外堡由第七代萨里伯爵约翰·德瓦伦于1330年建造，其外堡和城门两侧的塔楼皆在二层布设金雀花王朝风格的十字形箭眼，守卫可以凭此提供有效的火力掩护。

左图：汤布里奇城堡的门楼由格洛斯特伯爵理查·德克莱尔与其子吉尔伯特于1250—1265年建造，其圆形侧翼塔楼上设有三排箭眼。（Alamy供图）

上图：想穿过箭眼击中门楼内侧的守兵难度颇高。如若发生，定然全凭运气，而非技巧。

上图：金雀花王朝风格的箭眼开有一条横缝，能够增加弓箭手的视野及射程。

建造技术：设计并安装箭眼

城墙上狭窄的竖向开口通常被称为箭眼、射箭孔或射箭缝。盖德隆城堡的箭眼采用了法王腓力二世时期城堡那般的狭窄斜面开口。由于此种箭眼限制了弓箭手的视野，因此每层均布有箭眼以补不足。

1. 石匠铺砌出斜面开口——墙面上箭眼内侧最宽的部分。

2. 固定箭眼底部的台板，仔细确认是否呈水平状态。

3. 石匠开始砌筑箭眼的侧壁，利用木制长尺进行校准。

4. 名为校正尺（直定规）的木制长尺是最为重要的施工和校准工具。

5. 石匠沿箭眼侧壁铺设石块，接着在石块间涂抹依照13世纪方法调制出的砂浆。

6. 石匠将梁托固定于侧壁以支撑前梁，接着固定后梁。

7. 四名石匠合力将梁托缓缓地放置在临时的木支架上。

8. 盖德隆巨塔的箭眼上方横跨有一条砂岩横梁，下方则以梁托支撑。

9. 梁托上砌有减压拱石，协助将重力分散至墙壁上。

防御设施

门楼的设计和建造涵盖了防御工事的设置。在卫兵室中设置保护门楼通道的堞眼和箭眼以及在石砌建筑中设置容纳吊闸和吊桥的空间等都是在规划初期就应加以考量的元素。

由于城堡周围通常会挖掘护城河或壕沟进行防卫,人员必须跨越桥梁方可进入门楼,因此发展出了可伸缩的吊桥以增强其安全性能。最简单的式样是升降式吊桥,此类

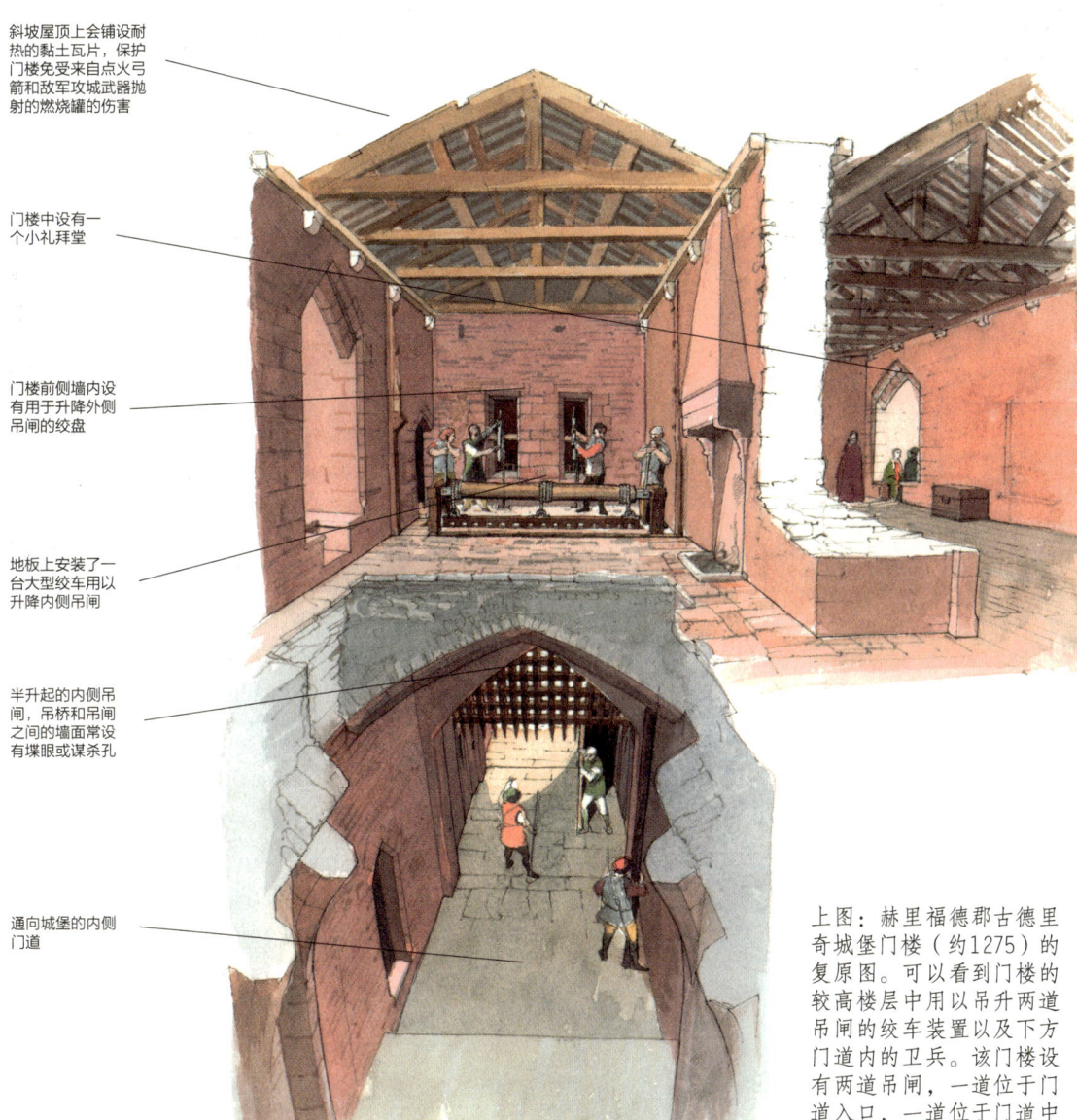

斜坡屋顶上会铺设耐热的黏土瓦片,保护门楼免受来自点火弓箭和敌军攻城武器抛射的燃烧罐的伤害

门楼中设有一个小礼拜堂

门楼前侧墙内设有用于升降外侧吊闸的绞盘

地板上安装了一台大型绞车用以升降内侧吊闸

半升起的内侧吊闸,吊桥和吊闸之间的墙面常设有堞眼或谋杀孔

通向城堡的内侧门道

上图:赫里福德郡古德里奇城堡门楼(约1275)的复原图。可以看到门楼的较高楼层中用以吊升两道吊闸的绞车装置以及下方门道内的卫兵。该门楼设有两道吊闸,一道位于门道入口,一道位于门道中部。(Getty供图)

上图:布列塔尼的维特雷城堡门楼建于15世纪,设有用于吊升两段式吊桥的锁链,石墙上辟有在吊桥升降时供悬臂嵌入的窄缝。(Getty供图)

上图:在卡菲利城堡外门楼升起的吊闸上方可以看到吊桥升起时收纳链条的孔洞。(Alamy供图)

上图:从卡菲利城堡门楼较高楼层内摆放的吊闸复制品可以一窥这些屏障的建造过程和坚固程度。(Cadw供图)

上图:哈莱克城堡的门道内景。请注意供吊闸门升降的凹槽以及用于射击敌军的箭眼。(Cadw供图)

吊桥的枢轴设于城门的门槛上,吊桥的外端用锁链连接至门道上方卫兵室的绞盘,由守卫操纵轮轴转动链条抬起吊桥。桥梁在门楼前垂直收起时可为城门提供一道额外的屏障。此类吊桥实体通常已遭损毁,仅留下门道上方的墙面开口。威尔士蒙茅斯郡白城堡的内门楼即可见到这样的开口遗迹。该座城堡由约翰王时期的大法官休伯特·德布尔于1229—1232年重建。

此类吊桥的缺点在于卫兵需要花一定的时间卷动链条才可升起吊桥,一旦速度过慢就可能给城堡带来危险。于是,便发展出另一种吊桥——"旋转桥"。旋转桥以桥梁中点为轴,里端配置重物,在壕沟或护城河靠近城堡的一侧或者门道上设有孔洞。由于一端配置重物,除非使用机关使桥梁保持撑开状态,其余情况下都会摆动闭合;如果需要吊桥快速升起,卫兵仅需要解开使桥保持开

左上图：意大利松奇诺城堡内建于10世纪的吊桥的一个版本。吊桥依靠悬臂上连接的锁链收起，该悬臂可以竖起嵌入石墙上的凹槽。

右图：吊桥的剖面复原图。吊桥处于竖直状态时会和后方降下的吊闸构成一个牢固的屏障。吊桥的里端通常会在下方增加配重，使抬升变得更加容易。

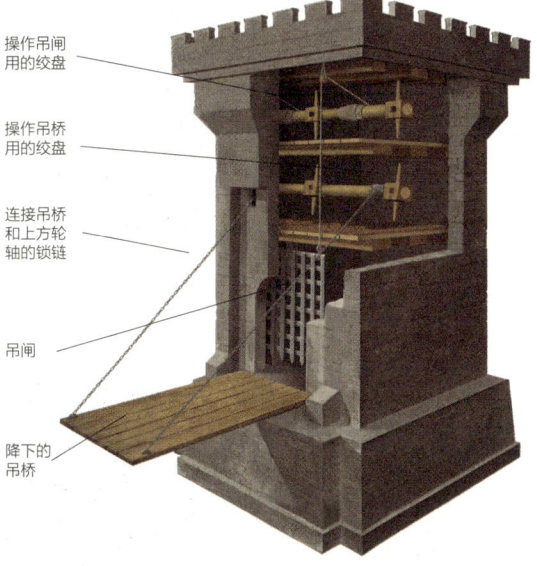

操作吊闸用的绞盘

操作吊桥用的绞盘

连接吊桥和上方轮轴的锁链

吊闸

降下的吊桥

左下图：博马里斯城堡的"近海城门"上方设有以梁托支撑的堞眼，供守卫向下方的敌军射击或抛射投掷物。（Cadw供图）

上图：博迪亚姆城堡内用于向敌军抛射投掷物或倾倒液体的谋杀孔可能未曾投入使用。

中图：吊闸在不使用时会保持升起状态，但仍有部分暴露在外。图为修复后的12世纪法国贝纳克城堡的吊闸。

下图：巨大的波兰马尔堡城堡的阴森吊闸。此城堡由条顿骑士团于13世纪晚期修建。

启状态的机关，吊桥就会立即自动升起。

正如此前所说，这一时期的筑城工匠往往也是资深军事工程师。在吊桥一端配置重物的做法和投石机的原理类似。随着吊桥负重的内侧降入孔洞中，外侧部分对应上升，垂直竖起的桥面就像升降式吊桥一般给大门增加一层额外的防御。由于操作起来迅速而简便，此类吊桥在很多城堡都有应用，例如1225—1250年建造的库西城堡的主楼和其时可能由尚未加冕的爱德华一世在1256年建造的白城堡的外门楼。在同一时期，这种吊桥在纽卡斯尔城堡的黑城门以及爱德华一世于13世纪70年代在威尔士建造的弗林特城堡和里兹兰城堡中也有所应用，但形制上稍有不同。

另有一些城堡的吊桥结合了上述两种形制，例如卡菲利城堡主城门的门道中设有可供吊桥里端下落的坑洞，门道上方则有容纳升起吊桥所用锁链的方形孔洞。博马里斯城堡的"近海城门"同样有结合两种形制的吊桥。

第三种形制的吊桥出现于1300年前后。此种吊桥以入口上方的平衡梁为枢轴，梁里端配置重物，外端通过锁链与桥板连接，当里端降低时，外端就会使吊桥升起闭合。竖直的平衡梁可以嵌入特别设计的窄缝中。此设计可见于拉格伦城堡的主楼入口、苏格兰博思韦尔城堡东北角塔的入口以及多座法国城堡。

谋杀孔

入口通道的拱顶上往往设有几排谋杀孔供守卫从上方攻击入侵者。以卡菲利城堡东侧主城门为例，敌军必须经过入口、吊闸和城门三道关卡。卡菲利城堡门道上方的拱顶设有两排谋杀孔，一排在入口上方，一排在吊闸和城门之间。在门道入口上方，还有一个倾斜的开口或斜槽，遇敌军纵火烧城时可以由此倒水灭火。卫兵可利用外侧的谋杀孔和门道入口上方窗户后侧的水槽，也可利用门道上方卫兵室中的第二道谋杀孔攻击敌军。谋杀孔在必要时也可以用来为卫兵递送物资。

吊闸

吊闸为下端带有尖刺的网格状木质大门，也是门道的防御设施之一。吊闸安装在入口两侧墙面上的槽口内，通过上方卫兵室内的绞盘带动链条进行升降。吊闸的木制门框常用铁皮包裹，以增强吊闸的耐久性和防火性能。英格兰卡莱尔城堡外门楼保存至今的14世纪吊闸即覆以铁皮。用以升降吊闸的机械装置颇多，升起后通常用棘轮固定，并使用配重系统使其在下降时更为迅速、轻巧。

若敌军突然进犯，守卫可能会迅速降下吊闸，部分鲁莽的敌军可能会被下端的尖刺刺伤，其他士兵为了躲避尖刺也许会后撤或向前冲入门道，但无论如何其兵力都会被分散。困在门道内的敌军会面临来自箭眼及上方谋杀孔两个方向的弩箭，而门道外的敌军则会遭到来自门楼、城墙走道、侧翼城墙和塔楼上箭眼发动的攻击。若想破局，敌军只有烧毁吊闸并攻入城堡。

在和平时期，守军通常会将不用的吊闸升起，仅留金属包裹的尖刺在外，但也有吊闸在升起时仍有部分主体外露。现存遗迹表明，吊闸是在建造门楼的同时组装和配置的，由木匠和石匠合作将这个关键的防御设施安装到位。如果吊闸在战斗中遭到严重破坏，需要替换，守卫会在原地拆卸旧吊闸，然后将新的吊闸逐块组装起来，嵌入现有的门道结构内。

右图：博迪亚姆城堡14世纪时的门楼在设计上较防御功能更注重外观，但也足以供来访者想象敌军仰望上方堞眼和其下带尖刺的木制吊闸的场景。

3

幕墙和城垛

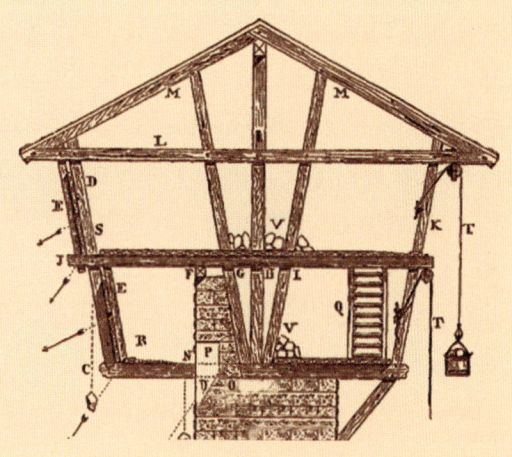

早期城堡的中庭或堡场以木栅栏围护，后期则改为厚实的石砌幕墙，并在顶部砌有带垛口的防护矮墙。幕墙以及沿幕墙依次修筑的防御塔塔壁上均设有供弓箭手使用的箭眼。石匠大师还在幕墙上打造了一段段木质围板，而后演变为石制堞口，供弓箭手直接向下方敌军射击。

跨页图：威尔士的哈莱克城堡建于近乎垂直的悬崖峭壁之上，各个角度均牢不可破。（Alamy供图）

修筑幕墙

城郭是围合城堡内堡场的环形防御工事,幕墙则是其重要的组成部分。幕墙包括外部防御工事(如护城河或壕沟),还可能包括多于一圈的城墙。在设计此类轴心环形城堡时,石匠大师规划有两圈幕墙以划分出内堡场和外堡场。

幕墙围合出的区域的形状往往由城堡所在的地理环境决定。许多城堡建于地势险要且便于防守的位置,比如山顶、悬崖或怪石嶙峋的海岬之上,城郭的形状即取决于此地的地理环境和地质。由医院骑士团自1142年起建造的骑士城堡就位于如今叙利亚境内一处仅可从南侧进出的岩石尖坡之上。建成于12世纪的苏格兰斯特灵城堡则位于一处拱卫福斯河渡口的悬崖之上。

规划城墙

在其他城堡的工地,领主和手下的石匠大师会按照他们的想法自行设计城堡的外形轮廓。盖德隆城堡的石匠大师按照法王腓力二世创设的城堡平面配置进行了设计:城堡有一个四边形的中庭,高耸的幕墙连接四隅的角塔,其中一座名为"巨塔"的角塔比其他三座在高度和直径上都更为可观。四周

下图:骑士城堡坐落于叙利亚境内靠近塔尔图斯一处650米高的尖坡之上。其优越的地理位置和医院骑士团建造的坚固的轴心环形要塞使其备受瞩目。

上图：盖德隆建设团队于1997年春季完成场地的植被清理和整地后，在地面上标注出了四边形平面布局，自夏天开始砌筑城墙。团队动用了两台大型绞车以吊运沉重的建筑材料。

幕墙分别长52.5米、39米、49.5米和47.1米。

建造城堡时通常会先在地面上用楔子和绳子标记出城堡的平面轮廓，由工人在石匠大师的监督下挖好基坑，建造壕沟或护城河的挖掘工或筑堤工在空闲之时也会参与指导。基坑的深度可能存在很大的差别。例如，1150—1200年由罗伯特·菲茨·理查建造于诺森伯兰郡的石砌沃克沃思城堡，其幕墙的地基仅50厘米深。与之相对，始建于1077年的伦敦塔长方形石砌主楼（因在13世纪粉刷为白色而得名的"白塔"）则有深得多的地基。我们可以从亨利二世时期一位郡守留下的文字"城墙和主楼从最深的地基

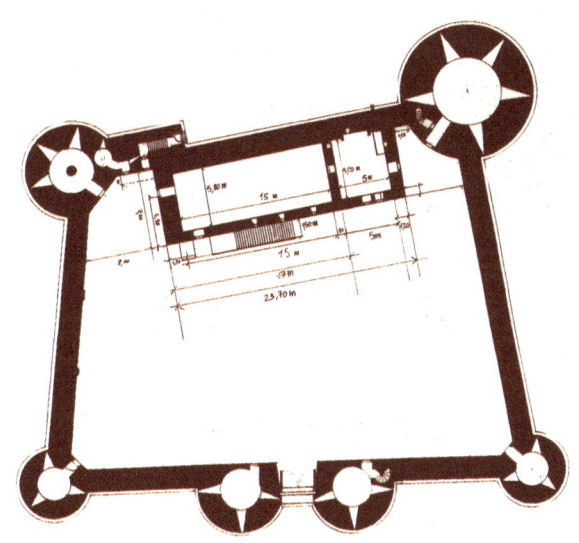

上图：盖德隆城堡采用了腓力式城堡的四边形平面布局。四座角塔由设有走道的高大幕墙相连，其中最为宏伟的是东北角高28.5米的"巨塔"。礼拜堂塔亦位于城堡的西北角，旁边是用于撤退的后门。

上拔地而起,以混着野兽鲜血的砂浆砌筑"推测出这一点。

盖德隆城堡没有地基,城堡直接建造于采石场的岩床之上。为了符合建设许可的要求,石匠大师用机器压实土地——这是在 21 世纪监管部门要求下个别使用有悖于 13 世纪建造方式的情况之一。

偶尔,木匠也会参与到城堡的奠基工作中,他将橡木垛深埋入地基中以稳固房屋结构。考古学家在法国勃艮第的圣韦兰城堡发现了此类橡木垛在地基中的遗迹。目前已知:施工团队有时会在集中建造某个区域前,围

上图:盖德隆建设项目使用了一些中世纪的石匠工具,如石匠水准仪、大槌、冲子和凿子。水准仪的作用在于确认横向摆放的石块和石墙边缘是否呈水平状态。

下图:盖德隆建设项目的石匠使用圆头槌和凿子加工一块石灰石。城堡主要采用砂岩建成,但拱券和窗户则以临近采石场的石灰石制成。

绕规划好的建筑外轮廓建造一圈大约高 1 米的墙体。城墙通常厚约 2.5 米。

盖德隆城堡的幕墙高 3 米,基部厚 2.4 米,顶端厚 2 米。城墙厚度上下不同是中世纪城堡的典型特征,提供应对采矿损伤或敌军地面进攻的额外保护。城墙的墙基通常筑成锥形,而塔楼的墙体往往更厚,盖德隆城堡巨塔的塔基即厚达 3.8 米。

筑墙工人会同时砌筑城墙的内外表面,并用碎石填充墙心。他们每隔一段时间会放置束石或顶石(与墙面垂直、横跨墙心碎石的石块),用以将墙表石材和内部填充物黏合在一起。中世纪的工人在一次次试验和失

败后发现了这些黏合性构件的重要性。没有这些构件,注入湿砂浆的碎石填充物会流动,致使墙面无法保持垂直。随着城墙逐渐增高,工人也需要在砖石上开设架眼。木匠搭的木制脚手架可以插入其中,供石匠砌筑上部的墙体。

工作中的石匠

砌石工人团队使用抹子、铅垂线和石匠水准仪来砌筑城墙。他们用抹子涂抹灰浆,将墙心碎石填充物和墙面石材黏合起来,用铅垂线检查石块和墙面是否垂直,用石匠水准仪检查顶部的石块是否平整且完全呈水平状态。

墙面石材通常有两种:一种是切割得十分整齐的琢石,规格固定,四面和边缘打磨平整;另一种是碎石或粗石,包括相对来说形状不同、大小各异且未经打磨的石头以及采石匠砍下的边角料。有时,为了打造城堡威严的外观,石匠大师会指示工人用琢石砌

上图:此幅细密画源自约1450年的法国手抄本《阿夏堡编年史》,画中描绘了建造巴别塔的场景。工人使用滑轮、架眼承托的脚手架和手提柳条筐作为工具,这些工具均已为盖德隆建设团队所复刻。(Getty供图)

筑外墙，用粗石砌筑内侧墙面。出于同样的原因，琢石也被留作修筑塔楼的石材。

在威尔士的哈莱克城堡，工匠取材自当地的灰绿色砂岩，用打磨好的琢石砌筑塔楼，用较粗糙、或许是从河沟里挖出来的石块砌筑城墙。还有一些城堡会交替使用琢石和粗石，例如科尼斯伯勒城堡的幕墙以粗石筑成，紧邻的主楼则用琢石砌筑。幕墙是后期添筑的，可能由威廉·德瓦伦于1202年后修建。那时，精致的圆柱形主楼业已存在，主楼则可能是由威廉的父亲、金雀花王朝亨利二世的异母兄弟哈梅林于1180—1190年建造。

在用碎石砌筑墙面时，工匠按3米的间距插入一排水平的琢石以确保城墙呈水平状态，即整平层。整平层不仅加固了墙体，还有利于工匠检查墙面是否平齐。工匠会在琢石上放置水准仪来引导下一步用碎石砌筑墙体的工序。

人字纹饰面和小方砖饰面

除了琢石和粗石，另有其他类型的墙面加工石料用于幕墙、主楼和塔楼的砌筑。例如：人字纹饰面用小石块以45°角，一行向左、一行向右地依次砌筑，两行之间夹有一排扁平的石块。在佩文西城堡（东萨塞克斯郡）、埃克塞特城堡（德文郡）以及塔姆沃思城堡（斯塔福德郡）的内堡场都发现了这样的人字形饰面。一些历史学家认为，这项技术源于古罗马的鱼骨砖，在工期紧张时使用。

小方砖饰面指一排排较小的方形石块按规律砌筑的技法，在法国颇为流行，可见于公元1000年前后建成的朗热城堡（中央－卢瓦尔河谷大区）的城堡主楼和另一座建于11世纪的阿夫朗什城堡（芒什省）的主楼。在英国，建于1085年前后的切普斯托城堡主楼也使用了这样的方砖饰面。

上图：盖德隆城堡北墙上突出的厕坑。请注意两段毛石墙面上的架眼和整平层。

上图：锯齿形的人字纹砖源自古罗马的"鱼骨砖"。图中所示的人字纹砖位于佩文西城堡中的古罗马遗迹。

上图：科尼斯伯勒城堡的主楼和幕墙。主楼的建成年代（1180—1190）早于幕墙（约1202），幕墙墙面粗糙而主楼墙面则饰有精致的琢石。

"联结"城墙

如果城堡平面设计需要将两段粗石墙以一定的角度相接，相接的部位就会在结构上形成一个脆弱点。为了解决这个问题，石匠大师会在相接处建造塔楼或者以一定角度砌筑一组琢石而将城墙联结起来。对于约1190年建造的科尼斯伯勒城堡，石匠大师以先左后右的方向铺排单面装饰的墙角石以联结城墙。

艰苦的劳动

建造城墙是一种劳动密集型工作，需要大量石匠和劳工的共同劳作。如果有足

上图：此幅插图来自15世纪的手抄本《贝里公爵的豪华时祷书》，画中描绘了春天的景致。背景中的杜尔当城堡是盖德隆城堡石匠学习的范例。（Getty供图）

够资金雇用大量工人，城墙就可以快速建成，威尔士的哈莱克城堡就是如此。哈莱克城堡的快速建成归因于爱德华一世的迫切需求：他既需要一座防守要塞，也需要一个可以彰显他决心征服北威尔士的武力象征。城堡内城墙的初始高度为4.6米，由总计35名石匠和随行木匠组成的队伍在1282—1283年修筑。考古学家可以在墙上看到他们在此高度停工的明显痕迹，这段4.6米的城墙在当时已足以抵御敌军的进攻。此座轴心环形城堡的施工一直持续到1289年，工人加厚了局部城墙并将其加高到现有的高度。这项工程不计成本。资料显示：在1286年，即雇用劳工最多的时候，哈莱克城堡每月至少需要向227名石匠、115名采石匠、30名铁匠、22名木匠以及

建造技术：边缘垫层

采石匠和石匠非常关注岩石中沉积层的走向。石匠会根据它们的"层理面"（分隔相邻岩层的平面）来垒砌石块。这些层理面有点像书页：一本书在平放时比竖放时能承托更大重量。

砌筑城墙时，石匠会按照石块沉积层和墙面平行的方式垒砌。这是因为石块以天然的位置摆放时最为牢固。这样的砌筑方式也能让岩石沉积层的走向与其埋于地下时保持一致，较竖向摆放时更为稳定。然而，有时岩石也会以和墙面垂直的方式竖向垒砌。这一砌筑方式被称为"边缘垫层"。

石匠只有在砌筑顶石（城墙上端）或边沿（门或窗户的基部）时才这样筑墙，因为这些石头的表层暴露在外且层理面有分裂的可能。

·用边缘垫层法砌筑的石块最终会用来建造礼拜堂塔交叉肋拱的拱帆。

·石匠小心地用边缘垫层的方式将石料放置在弧形模具上。石块之间用砂浆填充加以固定。

·由此段幕墙可见：墙面石材按天然的层理砌筑，墙心的碎石则采用边缘垫层法砌筑。

上图：这幅15世纪的画作描绘了工人们在建造城堡时手动操作绞盘的情景。右边的石匠正站立于以木桩固定的脚手架上。

上图：威尔士格温内思郡哈莱克城堡的北侧幕墙。墙上的横线表明了城墙在1282—1283年加高之前的原始高度。（Cadw供图）

546名劳工支付240英镑。1282—1289年，城堡建造工程总计花费了8 190英镑。

在康韦，自英王爱德华一世于1283年决定在西多会阿伯康韦修道院的原址上建造一处城堡和筑有围墙的市镇起，工人便在石匠大师圣乔治的雅克和约翰·邦维拉尔爵士的指挥下于第一个工期（1283—1284）挖掘了沟渠并建造了幕墙和塔楼，并在第二个为期两年的工期（1284—1286）建造了城堡内的建筑并砌筑了相邻市镇的城墙。筑城所需的大量劳动力来自英格兰，他们每年被要求在切斯特集合，再步行前往城堡。城堡和市镇城墙总计花费15 000英镑。尽管石匠大师雅克通过使用当地的灰砂岩和石灰岩节约了一笔开支，巨额花销仍是免不了的。本地的石头无法用以在窗户上精雕细琢，只得使用从远至威勒尔的地区进口质量更好的砂岩。

盖德隆城堡用了四年的时间才完成幕墙

安全第一

材料和技法的原真性对于盖德隆建设团队的工匠来说最为重要。然而，一些每天用来搬运重物的踏车上还是装配了现代安全措施，例如监工可以要求在踏车上安装鼓式刹车。此外，盖德隆建设项目的工匠在工地上一般使用自制绳索，但在踏车上则使用现代工业绳索、滑轮和轮轴。在实际使用过程中，监工会站在车轮底部对操作这个具有一定危险性的器械进行指导，向操作车轮和刹车的工人以及在高处接收材料的工人发布指示。

建造技术：脚手架和跳板横木

修筑高墙的时候，用来支撑脚手架支杆的孔洞呈网格状分布。城墙上不同排的架眼之间的距离约为1—1.2米。石匠会按照特定的间距布设架眼，然后再在周边以砖石砌筑墙壁。

1.石匠准备设置架眼。他们会预先在一块木块周围砌筑，在墙体砌筑完毕后将木块移除，留下的洞即供脚手架的横木插入。

2.礼拜堂塔上的脚手架横木。横木在塔楼顶部支撑起工作平台和用于升降运送建筑材料的滑轮系统。

3.木匠将横木插入石墙，然后在同一水平的横木上放置木板，搭建出石匠的工作平台。通过将横木插入不同层面的架眼来调整工作平台的上下高度。

4.礼拜堂塔上的脚手架横木。请注意塔楼低层和西幕墙上有许多不在使用中的架眼。部分脚手架在顶部装有防护网。

建造技术：操作双轮踏车

盖德隆城堡工地上的双轮踏车自2010年启用。在踏车的两个大轮（俗称为"松鼠笼"）中，两名工人以一定的步调踏动轮子。当轮子转动时，他们把绳索缠绕在踏车的中轴上，凭此吊升货物。他们平均每天使用十次吊车。

· 双轮踏车于2010年施工季初期进行了试用，以确保它在新位置上安装得牢固稳妥。

· 每个踏车操作者都必须小心仔细，在搬运重物时留心其他团队成员的一举一动。

· 在"松鼠笼"转动且绳索缠绕车轮的过程中，地面上的工头和刹车操作员要确保沟通顺畅。

· 双轮踏车将重物吊升至塔顶，工人准备将该重物卸下。一些建材已被吊升到脚手架上。

· 踏车具备旋转功能。踏车悬臂可以绕支杆旋转360°，将重物卸于最便利的位置。

上图：哈莱克城堡东门楼的筒状塔楼有一串呈对角线排列的架眼，很可能是用来建造以树枝编制而成的斜坡道。（Cadw供图）

上图：一个工期结束时，在未完工的墙面上施以厚厚的牺牲层砂浆，可保护墙面免受冬季的气候影响。

较低部分和斜坡（壕沟内侧坡面）上塔楼的建造。至此阶段，砌墙的工人都很疲劳，所以凿石工会在最后一批石块上刻上鼓舞人心的词句，诸如"伙伴们加油干！""这是最后一块了！"来为其鼓劲。

在这个阶段，他们也会发现自己需要针对实际需求调整自己的工作方法，换句话说，就是"认清现实"。例如，最初石匠们小心仔细地加工料石，一天最多完成一块。对于整个团队来说，以这么缓慢的速度建造盖德隆城堡是不现实的。幸亏在一次去埃松省杜尔当城堡的考察中，他们发现该城堡斜坡上的石块表面粗糙，不仅有加工痕迹，还留有采石留下的楔孔，从而意识到斜坡上的石块不必加工至完美状态，这样也就可以加快工作速度了。

牺牲层砂浆

速度再快，建造一座城堡还是要耗费数年的时间。部分原因是石匠大师和他的团队不在严寒和恶劣天气条件下施工，这意味着城墙不可能在一个工期内完成。因此在关闭工地前，砌墙工人需要在墙体表面涂覆一层混合了粪便的麦秆以保护已砌成的墙体，在来年再把它们清除。这一做法可见于威尔士的比尔斯城堡。比尔斯城堡是一座石砌城堡，由爱德华一世于1277年修建于一座早期的高地-堡场式城堡之上。该城堡原本的城墙内有两个堡场，在大师圣乔治的雅克的监督下建造。他于1278年到达威尔士并接手了阿伯里斯特威斯城堡、弗林特城堡、里兹兰城堡和比尔斯城堡的建造工程。比尔斯城堡的建设工程持续到1282年，但在完工前因爱德华一世着力于圭内斯的军事行动导致资金匮乏而停工了。相当有趣的是，根据记录，比尔斯城堡的花销仅1 666英镑。这都要归功于早期高地-堡场式城堡遗留下的构筑物。

暂时停工时可用的另一项技术是牺牲层

砂浆，即覆盖于未完成的城墙上的一层厚厚的砂浆。在下一个工期开始时，石匠会在开工前刮去这层砂浆。砂浆有时去除得不甚干净，使得考古学家可以根据城墙上较厚的砂浆层判断建造过程中的停工季。

吊升建材

随着城墙越造越高，工匠也面临巨大挑战：如何将沉重的石块和其他材料运送给在城墙顶部工作的石匠等人。解决方法是由工人操作滑轮、手动绞车和踏车。盖德隆建设项目的木匠制造并安装了一系列起吊设备。在城墙上搭好脚手架后，即可安装简易的滑轮装置以抬升小型建材，例如一筐筐填充幕墙墙心的碎石。还有一种易于搬运的手动绞车，可供两名工人协力合作搬运中小型建材。踏车则被用于大型建材的吊升。

按照中世纪的做法，石匠在筑墙的时候就预留了用于安插脚手架横木用的架眼。考古学家考查了一些中世纪城堡中的架眼，试图推知脚手架安装在特定位置的方法。在一些城堡的城墙上，架眼呈水平分布，也许是用作支撑脚手架的横向平台。其他城堡如康韦城堡、博马里斯城堡和哈莱克城堡的架眼则呈对角线或螺旋形分布。考古学家认为，这些架眼上安装了用枝条交织在一起搭成的坡道，工人可以借助这个坡道向上运送建材。哈莱克城堡的架眼有着威尔士众城堡的典型特征之一，也是萨瓦地区在此时期的典型特征，其他特征还包括带梁托的塔楼、窗户的形制和半圆形门拱。哈莱克城堡自1282年开工，主持建设的石匠大师是负责比尔斯城堡的圣乔治的雅克，所以历史学家认为可能是他把萨瓦地区的技术带到了威尔士的城

上图：工人在地面上操作单轮踏车，将部分木制天花板吊升到北厅的大礼堂顶部。

堡。然而，威尔士众城堡可见的一些典型的萨瓦元素是雅克离开家乡后才出现的，因此这些元素可能出自他手下的工匠，是他们使用了萨瓦地区所悉以为常的技术。

城堡工地所用的器械或许还包括一座独轮或双轮的踏车和人字起重架（一个三根木杆组成的滑轮系统）。三根木杆的上端捆绑在一起，下端呈八字展开，用来吊升易碎物品，如将钟吊升到钟楼顶部。踏车是现代吊车的前身，由一到两个连接于中轴上的竖向大轮组成，轮内有一到两名工人踩踏大轮以带动滑轮转动。双轮踏车最多能够吊升500千克重的物体。

除了吊升货物的能力，踏车还具备既可在地面又可在城墙高处鹰架上操作的优势。这意味着木匠可以根据需要在城堡工地内的不同场所拆解和重装踏车。历史学家也发现：一些中世纪遗留的踏车并未被拆解，而是永久保留使用，位于诺曼底海岸边的圣米歇尔山修道院和上法兰西大区的博韦主教堂都是如此。

建造幕墙

为盖德隆城堡建造幕墙是一项浩大的工程,历时多个施工季。其城墙平面呈四边形,总长188米;墙高6米,厚2—2.4米。塔楼地基和城墙分别使用料石和碎石砌筑。墙心的碎石由低质量的石料和采石场的边角料构成,以砂浆黏合。

上图：幕墙西段的工程始于2013年年初，石匠先要将旧的砂浆刮去。图中可以看到一块已经安装完毕的顶石，即将墙心碎石与墙面黏合在一起的长条形石块。

上图：装满石灰砂浆的柳条篮筐。这些柳条篮筐由盖德隆建设项目的制篮工编制而成，轻便灵活，较沉重的木桶而言，更适于在梯子和脚手架间搬运建材。

1. 石匠小心地将一块大石置于城墙顶部。他在石块的上表面拉好线规，用以在建造过程中维持墙体的形状不变。他通过目测的方式判断石头如何摆放会更加贴合。

2. 石匠用石灰砂浆填充石头之间的缝隙。砂浆的凝固时间非常长，故而允许墙体内部的填充物有些许流动以提高城墙的稳定性。尖头抹子被用于将砂浆填充至小缝隙内。

3. 铅垂线被用于检查石块是否与地面垂直。确认无误后再使用石匠水准仪检查墙壁是否完全水平。

城墙防御工事及其特征

幕墙可以连通城堡防御工事的不同区域，通常与一系列塔楼相接。有时，在塔楼或部分墙体内会设有隐蔽的通道，使城堡在遭遇攻击时内部也能相互连通。幕墙顶部的城墙走道既是瞭望点，也是战斗平台。

沿着幕墙内侧修建的城墙走道是城堡防御工事的重要组成部分，既是可俯瞰周围乡村的制高点，也可以在此攻击下方的入侵者。城墙走道边缘的低矮挡墙以锯齿状为特征，其城齿（凸起的部分）为卫兵提供了掩护，其垛口（凹下部分或间隙）为卫兵提供了适当的射击位置。

下图：在轴心环形式的博马里斯城堡，靠近近海城门右侧船坞的外幕墙二层辟有一条墙中通道。（Cadw 供图）

上图：在哈莱克城堡的东门楼内可以看到墙中通道的遗迹。它的存在使得守卫和增援部队可以四处走动而不被任何敌军发现。（Cadw 供图）

上图：2016年的施工季中，工人沿着盖德隆城堡幕墙西段搭建了供建造带雉堞的城墙走道时使用的脚手架。

上图：2017年施工季中幕墙西段的外观。带雉堞的城墙走道已然完工，脚手架仍安装于原位。

城墙走道

幕墙通常配备设有箭眼的壁塔，弩兵可以借此获得更好的射击角度。有些塔楼内也设有城墙走道，即连接塔楼外墙墙体和两侧城墙的走道，使驻军得以安全、快速地移动。作为额外的保护措施，很多通道都配备了可以关闭上锁的重型门板，只要敌军攻破城堡到这一区域，便可闭门阻挡。博马里斯城堡内就设有此类通道，位于内幕墙的二层和主

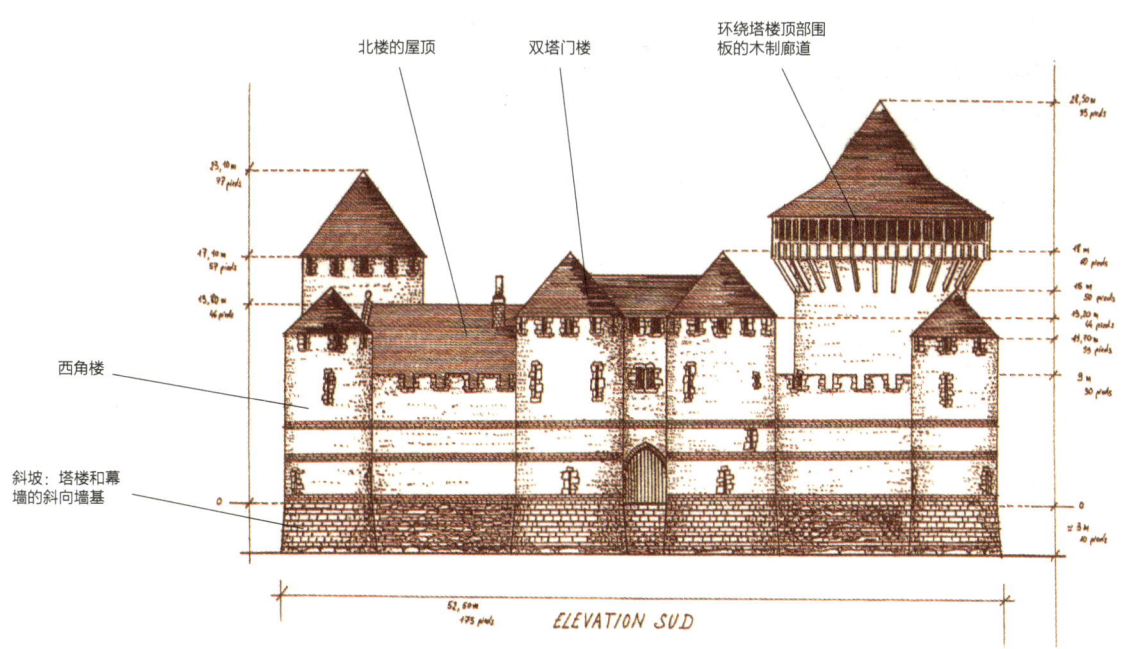

上图：盖德隆城堡建设团队计划在巨塔的顶部加盖围板。这份草图呈现了加盖围板后城堡的整体外观。

067

第3章 幕墙和城垛

上图：拉瓦尔城堡保留有建于1220年前后的围板，十分罕见。

左图：拉瓦尔城堡主楼围板结构的内部景象。围板增加了诸如栏杆等现代建筑元素。围篱的顶部以篷顶覆盖，表明这是作为一种永久性的且不可移动的构筑物而建造的。

入口（近海城门）右侧船坞旁外幕墙的二层。同样的通道也可见于卡那封城堡南立面的高大城墙和塔楼内部。

围板

　　幕墙外侧和一些塔楼上常装设有被称为"围板"的木制构筑物。这些构筑物部分为永久性，在法国就有一些城堡保存或修复了中世纪的围板。在城堡遭到袭击时，这些围板是可以快速拼装的临时设施。弓箭手可以将围板作为架起的发射平台，而其他的城堡守卫可以通过围板地面上的开口向下投掷武器和燃烧物，如热砂或生石灰。从围板向下投掷的攻击物还包括可以用来投射敌军和围城机器的火罐（含有焦油等易燃液体的陶罐），以及可以砸伤甚至砸死下方敌人的沉重石块。

　　英国城堡增筑围板的主要证据来自数座

城堡的城墙上部防护矮墙边发现的架眼插口,例如彭布罗克城堡内12世纪初建造的主楼顶端就发现了围板的架眼,而罗切斯特城堡宏伟塔楼的城垛下仍然留有凹槽。

利用这些插口或凹槽,木匠会在铺设顶端的楼板之前插入外端有凹槽的围板支撑梁,将小型滑轮起重装置安装在防护矮墙上,再将垂直的竖杆吊升嵌入支撑梁外端的榫眼,并在竖杆子之间安装木板,形成围板的外壁。围板的"楼板"与垛口处于同一平面且自防护矮墙向外延伸至两侧,所以弓箭手只要跳上垛口,即可走上围板。从手抄本中的插图可知,有些围板附带一个保护性的顶篷,个别用动物皮毛覆盖以保护其免受下方敌军射出的点火箭矢所带来的破坏。但即便有这样的预防措施,围板仍非常容易着火。

城墙和塔楼上有时也会增筑围板,为抵御围攻而进行备战的时候即如此。一般情况下,城堡的仓库会备有建筑材料,以便经验丰富的木匠在必要时迅速地搭建好围板,有些围板甚至是在围城敌军逼近时搭建的。有一些城堡的木制围板则是长期不拆除的结构。盖德隆城堡就计划在高28.5米的大塔顶部搭建一个永久的木制围板。

卢瓦尔河地区大区的拉瓦尔城堡主楼保存有一处建于1220年前后的中世纪围板。其他城堡仅留下了围板的插孔,就像加亚尔城堡外堡场幕墙上发现的那些。此外,还有一些城堡(如皮卡第大区的库西城堡)用石梁托而非插孔来支撑地板梁。这种石梁托遗存的意义重大,因为它代表的是带梁托的堞眼最终取代木制围板所迈出的第一步。

堞眼

带梁托的堞眼是木围板的石质版本:以石梁托代替以前支撑围板的木梁,设置带有堞眼的低矮挡墙,底部还有用来攻击下方敌军的开口。石梁托较木质围板显然更不易为投掷物或火力破坏,可见于康韦城堡的门道和博马里斯城堡"近海城门"顶部。

另有一个版本的堞眼为扶壁式,由突出于墙壁的扶壁所支撑的石质低矮挡墙组成。在建于12世纪的骑士城堡内城郭的东北塔楼以及1196—1198年建造的加亚尔城堡均发现了此类堞眼。

排水系统

处理雨水以及暴风雨留下的积水对建设团队来说是一项巨大的考验,因为这些水会破坏地基,使精心铺设的石头偏移,削弱砖

下图:堞眼其实就是石质的围板,可见于骑士城堡内城郭的东北角塔楼。

石的牢固程度，冲去接缝材料，将墙内的石灰液化并在墙面上形成结晶。因此，排水系统不能在破坏发生之后才考虑安装，必须在修筑堡内任何建筑前就先行处理，在盖德隆也是如此。

防水系统的第一步是将城墙底部砌成斜面以保护墙基，并在建造盖德隆城堡中庭和堡场幕墙的同时于幕墙墙基铺设水沟出水嘴。石匠在南幕墙也铺设了排水沟，用以将中庭的水排入壕沟。此外，石匠还修筑了沉淀池、砂岩排水沟和出水嘴，并将熔铅倒入黏土模具制造的沟槽接缝以固定石块。

建造技术：设置排水沟

在南幕墙的角楼旁，石匠建造了一个排水系统来收集中庭里的雨水并将其引入墙外的壕沟。沉淀池可拦住流动的雨水携带的沙子，而雨水会流经砂岩排水沟，再从出水嘴落入沟渠。

1. 石匠将熔化的铅水从坩中倒入黏土模具中以制成排水沟的接缝。它是南幕墙排水沟的构件之一。

2. 南幕墙安装了用于排出中庭积水的排水管，铅制沟槽接缝就是用来填充石块间接缝的。

3. 南幕墙的整体排水系统包括沉淀池、排水沟和（位于远端的）排出积水的出水嘴。

4. 北幕墙的高处安装了一个石质出水嘴，可将废水排入周围的防御壕沟中。

轴心环形防御工事

轴心环形城堡高大森严，敌军很难垂直攻入，故被认为是城堡设计的极致。轴心环形城堡内有四周筑高墙、可俯瞰和监控外场的内场，外场的幕墙则相对稍低。这种设计在城堡遭到持续进攻时给敌军带来了两道必须攻克的屏障，也为城堡内守军提供了可以退而守之的庇护所。

轴心环形城堡的概念可以追溯至上古时代。远早于城堡时代，许多部落建造的丘陵要塞就已出现了。然而，具备内外两个堡场的轴心环形城堡布局在12世纪初到13世纪方才形成。

工程师莫里斯和理查一世分别在多佛尔城堡和加亚尔城堡尝试设计并建造了环绕外场的外城墙和对其进行监控、防卫的内城区。不过，二者的设计都不是彻底的轴心环形式样。为了打造彻底的轴心环形防御，外城墙必须完全环绕内城墙并在两圈城墙之间形成连续的区域。

第一座可以追溯建成年代的轴心环形城堡是位于耶路撒冷王国、十字军所建的贝尔沃城堡，由医院骑士团大团长阿萨伊的吉尔贝自1168年始建，现已损毁。该城堡建于现今以色列北部加利利海20公里以南一处高耸且风声呼啸的玄武岩高原上，下方500米处即约旦河。贝尔沃城堡因其难以企及的高度而被伊斯兰作家比作鹰巢或月亮之家。

众十字军国家中，医院骑士团是轴心环形城堡的先行者。他们于13世纪初在叙利亚著名的骑士城堡增筑了一道外幕墙，将其改建为轴心环形城堡。（骑士城堡这个名字只能追溯到19世纪，最早为库尔德人的驻军地点，被称为"库尔德人的堡垒"。医院骑士团占领此地后，改称骑士城堡为"医院城堡"。）

右图：骑士城堡的轴心环形防御工事包括较矮的外城墙和较高的内城墙（右侧）。内墙上的守卫可俯瞰监视两道城墙之间的空地，轻而易举地攻击下方的敌军。

右图：里兹兰城堡的平面图表明其采用了轴心环形式样，设有两道城墙以及两个堡场。内堡场有两座门楼和两座塔楼。沿着较低矮的外幕墙设有角楼。

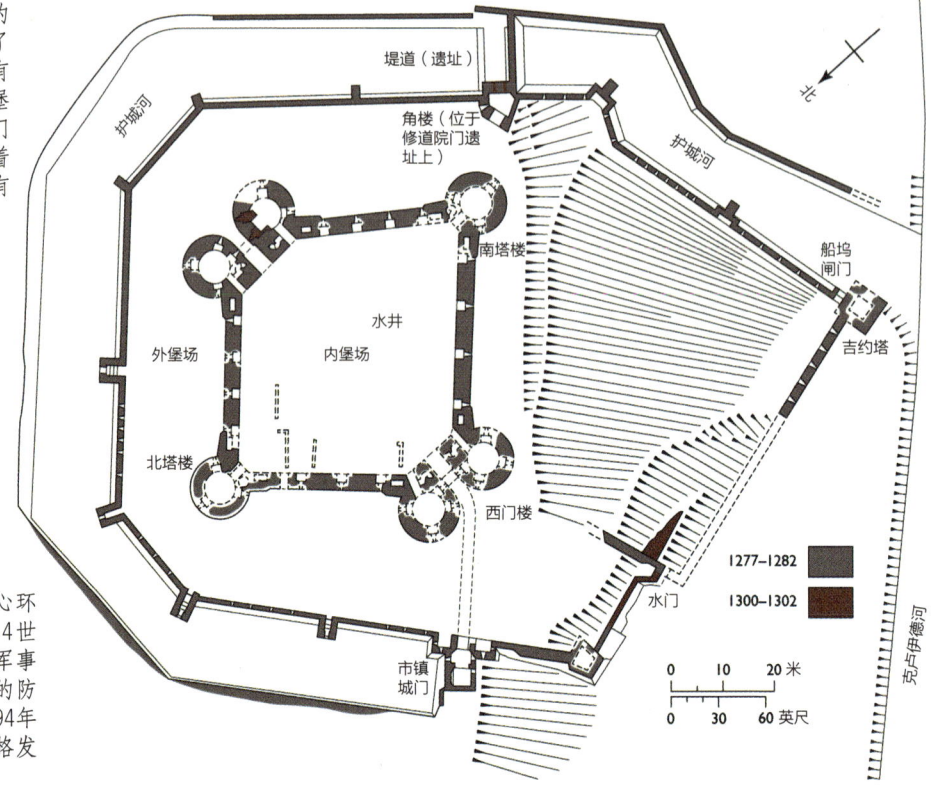

下图：哈莱克的轴心环形式城堡是13—14世纪欧洲最为精美的军事建筑之一。它强大的防御工事经受住了1294年由卢埃林之子马多格发起的围攻。

抵御围攻

医院骑士团和其他领主采用轴心环形城堡设计的原因之一是受到了曾在战争中所经历的残酷围攻战的影响。在采用轴心环形设计的城堡中，外墙可以抵御部分攻城武器的攻击，弩兵可以从较高的内幕墙对敌军进行毁灭性防御射击。而且，这些大型城堡的设计目的就是抵御最强劲的围攻，如贝尔沃城堡内居住有450名士兵、50名骑士以及随同的工人和家庭，而骑士城堡驻军最多的时候多达2 000人。

轴心环形设计颇有成效。贝尔沃城堡的守军遭到萨拉丁领兵围攻，抵御了整整18个月后方告投降。萨拉丁最后迫于无奈，还是从骑士城堡撤了军，因为他认为这个城堡的防守过于严密而无法合围攻破。

爱德华一世在威尔士建造的城堡

建造轴心环形城堡是一项浩大工程，超出了一般贵族的能力范围，仅有核心军事团体（如医院骑士团或圣殿骑士团）以及位高权重的国王和大贵族能够建造。例如：爱德华一世在威尔士建造了一系列广受赞誉的防御型城堡，包括里兹兰城堡、哈莱克城堡和博马里斯城堡。

这些皇家建筑最早可追溯到1267—1271年建造的轴心环形式的卡菲利城堡。它由格洛斯特和赫特福德伯爵吉尔伯特·德克莱尔建造。这座城堡的内堡场设有四座角塔和两座门楼，可能受到了腓力二世在法国建造的四边形城堡的影响。盖德隆城堡也以此为参考，修建了布局相似的外堡场。

在里兹兰城堡，一个菱形内堡在东边和西边各设两座门楼，在北端和南端各设两座角楼。较高的内墙俯瞰外幕墙，外幕墙的三面为一条干涸的护城河所环

上图：博马里斯城堡内幕墙和外幕墙之间的空地为外城区。内幕墙上最初设有164个箭眼。（Cadw供图）

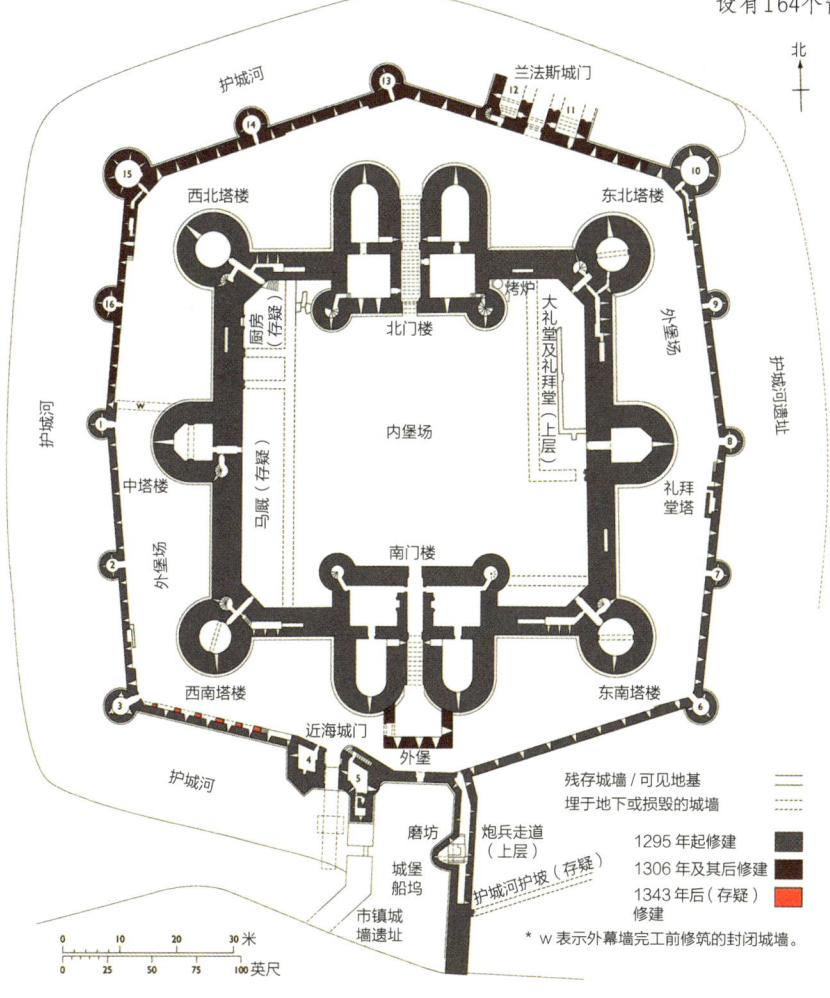

左图：博马里斯城堡的平面图展现了其戒备森严的内幕墙。内幕墙的六座塔楼与两座门楼均在外幕墙合围中。（Cadw供图）

073

第3章 幕墙和城垛

绕，第四面则毗邻克卢伊德河。外幕墙上每隔一段距离即设有炮塔，其中一些炮塔设有通往突破口的楼梯，守卫亦可经由突破口进入壕沟以反击敌军。

哈莱克城堡的内堡场城墙设有四座角塔以及一座在入口两侧设有D形防御塔楼的坚固门楼。正对着内门楼的两座桥塔护卫着一座向东横跨沟渠的石桥。最初，城堡的基石一直铺设到海边，这意味着城堡原本或可经海路运送补给，然而现今海岸线已经朝后退

左图：哈莱克城堡是石匠大师圣乔治的雅克在威尔士营建的军事建筑杰作，吸收了来自他的家乡萨瓦地区的建筑元素。（Cadw供图）

下图：哈莱克城堡的平面图显示其有一个设四座角塔和一座巨大门楼的内城区以及狭窄的外城区。值得注意的是，与西北塔楼在一条直线上的水门使得经海路运输补给成为可能。（Cadw供图）

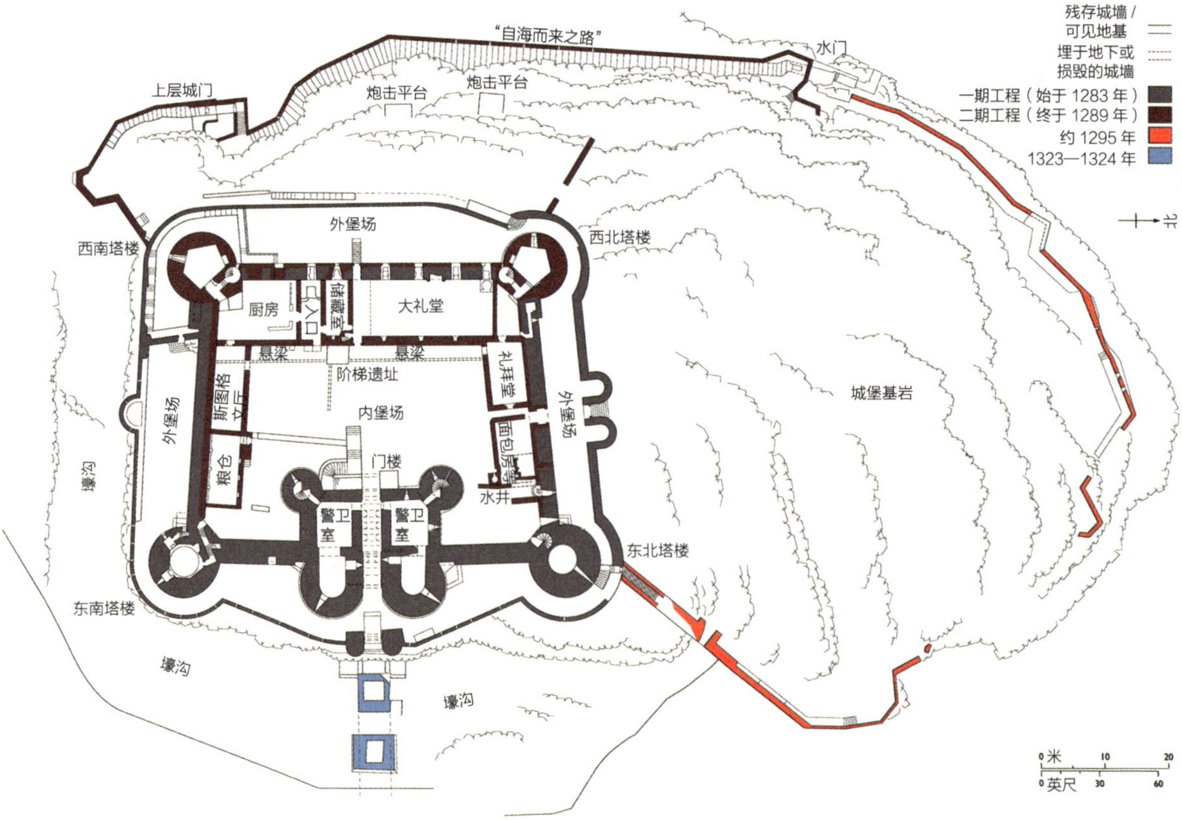

去。大致与内堡场的西北塔楼在一条直线上的外幕墙有一座近海城门，那里有一条通往悬崖底部的127级台阶。

完美的轴心环形城堡

安格尔西岛上的博马里斯城堡被视为这个时期轴心环形城堡的完美典范。该城堡内堡场的幕墙高11米，厚4.7米，除两座设有双子D形塔的门楼，还建有六座防御塔。八边形的外堡场幕墙设有十二座塔楼和两座门楼，可从其上俯瞰护城河；它的南城门（近海城门）面向大海并设外堡防御。这座城堡可以通过潮汐码头经由海路获得补给，该码头设有城墙和一个射击平台。历史学家认为，这可能曾是摆放投石机的平台。当敌军越过护城河后，需要面对来自内外城墙上守卫发射的箭矢和箭镞——内城墙上射出的箭矢可以越过外城墙守卫的头顶。

博马里斯城堡始建于1295年，由著名的石匠大师圣乔治的雅克主持，是在卢埃林之子马多格在威尔士领兵起义并杀死安格尔西的郡守罗杰·德普勒斯顿后兴建的。建设工程一直持续到1300年，但随后因为爱德华一世将注意力和资源转移到了苏格兰战场而停工。1306年，爱德华一世担心苏格兰军队可能会经北威尔士入侵，便下令重启工程并持续建设到1330年。工程一开始由雅克大师主持，在其于1309年去世后改由德内福德的尼古拉斯主持。该城堡建设总共花费了15 000英镑。

下图：博马里斯城堡被视为轴心环形城堡的完美范例。图片最上方为设防御工事的潮汐码头，对补给供应至关重要。（Cadw供图）

4

堡 场

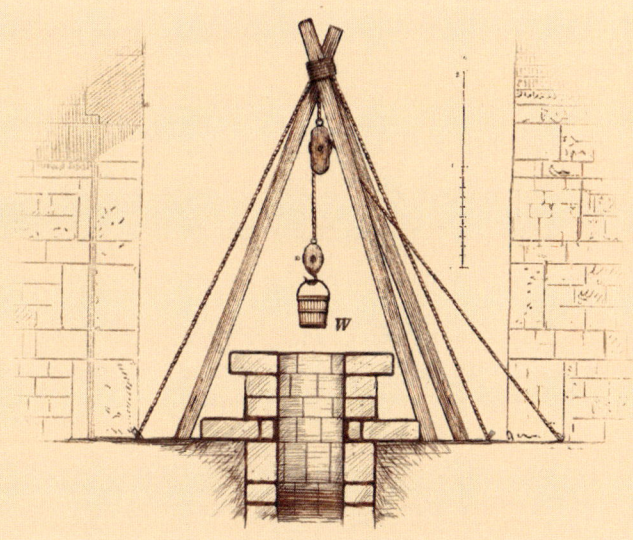

堡场或中庭是由防御性幕墙围合出的区域。作为城堡的核心，堡场的形状取决于城堡的底层平面规划，或由地理位置决定，或出于领主和工匠的设计意图。盖德隆城堡的四边形中庭带有四个角楼的布局遵循了腓力二世创设的建筑风格。一些城堡会设置两个堡场或数个独立的中庭，领主的住所一般位于最偏僻也是最安全的围合区域内。

跨页图：卡那封城堡的堡场。卡那封城堡由爱德华一世为巩固其在威尔士的势力所建。（Cadw供图）

城堡生活的中心

城堡内的日常生活以堡场为中心,堡场内设有营房、马厩、厨房、粮仓、畜栏、铁匠铺、石匠铺、制石灰和制砂浆的作坊、砖瓦工的窑炉以及许多进行其他重要活动的场所。从居住用的房室和大礼堂可俯瞰堡场,有些堡场中还设有独立的礼拜堂,但大多数城堡还是将礼拜堂设于塔楼中,盖德隆城堡即如此。

城堡的访客在进入中庭后会遇上一派热闹景象。若访客是骑士或贵族,他可能会在驭马穿过门楼后,下马将马交给马夫。他站在地上就可将城堡各处设施一览无遗。

尽管每座城堡的配置有所不同,访客会知道该如何"阅读"这一时期的大多数城堡。许多城堡的主礼堂设在中庭对面,高于中庭地平,经由壮观的台阶进入。在角塔、沿幕

上图:哈莱克城堡的粮仓曾包含一个厨房、一个面包烘房、两座礼堂、一座监狱和一座小教堂。(Cadw供图)

下图:自礼拜堂俯瞰康韦城堡的内堡场,可见低层的地下室和厨房区域,以及上层皇家住所。(Cadw供图)

上图：康沃尔郡的雷斯托梅尔城堡于12—13世纪由一处诺曼时期的高地-堡场式城堡改建出壳式主楼。这张复原图显示了13世纪时城堡的样貌：从壳式主楼可俯瞰下方的宽阔堡场，其周围环绕着城墙和极深的壕沟。（玛丽·埃文斯供图）

墙修建的塔楼或沿堡场幕墙延伸线建造的房舍中可见供人居住的营房，访客或许可以通过它们面向庭院的大片窗户辨认出来。在一些城堡中，访客刚刚通过的主门楼里除了卫兵室和监狱，还设有房间。他也许还能在其中一座塔楼的墙上看到礼拜堂的窗户。在威尔士的切普斯托城堡，从城堡入口处可以清楚地辨认出马滕塔上礼拜堂的窗户。同样在盖德隆城堡，来访者也将能在礼拜堂塔上辨认出哥特式饰窗。通过使用功能来区分不同塔楼是很普遍的做法，比如哈莱克城堡的监狱塔和凯尼尔沃思城堡的厨房塔。

准备食物

在一些城堡中，食物大多在沿着堡场隔墙搭建的临时露天厨房中烹饪。然而，在另一些城堡中，厨房设于大礼堂下或与堡场相邻的某栋建筑的较低楼层中。盖德隆城堡的厨房紧临储藏室，直接通向北楼一层的中庭。堡场内还设有制造黄油和奶酪的设施以及磨制面粉的设备，附近可能还有屠夫的肉铺和使用蜡或动物油脂（加热处理过的动物脂肪）的制烛铺。甚至在战争时期，牛、猪、鹅、山羊、绵羊

下图：从庭院的东北角可以进入盖德隆城堡的厨房。桌上摆满了花园里的蔬菜和厨房正在准备的食物。

等动物也可以被安置在幕墙内的安全地带中。厨余垃圾需要被运到某个尽可能远离厨房和居住区的地方。如果城堡内包含一个以上的堡场,垃圾会被运送到很远的地方,例如在英格兰北部由伯纳德·巴利奥尔于12世纪建造的巴纳德石堡,厨余垃圾会被运到中庭下层。

骑士和扈从

许多城堡在堡场内设有马厩,领主或国王麾下骑士的马匹会安置于此,由马厩官负责照料。铁匠铺一般位于同处,铁匠的任务之一是确保马匹装好蹄铁。许多城堡还设有围场(一块封闭的区域)供领主驯马和练习马上比武。围场可能设在轴心环形城堡的外城区中,也可能设在有不止一处中庭的城堡中较为偏远的堡场里。

在马上比武大会上,全副武装的骑士会策马飞奔,同时用长矛刺击假人(靶子)或悬挂着的吊环。大型城堡可以在堡墙内设围场供骑士切磋武艺并举行锦标赛。

堡场内有时也能发现一些与骑士生活相关的建筑。例如:持矛骑士比武场是马厩附近一块供骑士和扈从练习搏击和格斗技巧的场地。英王爱德华三世在14世纪创设骑士团时,于温莎城堡的上层堡场建造了一幢圆形建筑,用作骑士团的指挥部。尽管这座建筑似乎未曾完工,"最尊贵的嘉德骑士团"还是于1348年6月成立,由26名骑士组成,包括爱德华三世本人、其子"黑太子"爱德华和他们各自麾下的12名骑士。

在中世纪不同时期的不同城堡中,骑士和扈从所扮演的角色各不相同。在一些城堡中,骑士是为国王服务的长住居民;但在另一些城堡中,骑士仅临时居住一段时间戍守城堡,以履行对领主的封建义务。骑士的扈从可能是家境不太富裕且尚未获封骑士的战士,也可能是正在接受训练有待成为骑士的年轻人。

后者往往是被选拔出来成为骑士的贵族子弟。他们会在七岁时被送到另一位领主的城堡中接受骑士训练。在那里,他们将侍奉

左图:在这幅14世纪的插图中,骑士们在围场中进行马上格斗,朝臣们在看台上观看,乐手在吹奏喇叭(左),英王理查二世担任主持。(Getty供图)

上图：铁匠正在锻造铁钉。这只是木匠在现场建造的木制构筑物所需的数千枚铁钉之一。

贵族妇女，学习拉丁语以及音乐、诗歌等课程。他们还会进行体能训练，玩户外游戏。

一旦年满十四岁，他们将学习如何使用和修理武器、保养盔甲、照顾马匹以及如何练习骑马、狩猎和马上比武。他们在大礼堂内侍奉领主，战斗时还必须与成人一同上战场。届时，他们主要帮助骑士备马、照顾马匹并保养武器，可能也会需要照顾被俘虏的敌人。他们在成年后若能证明自己的价值，就会被授予骑士的身份。

木匠作坊

木匠在建造城堡的过程中尤为重要。他们必须与石匠密切合作，共同安装脚手架并制作建造拱门和拱顶所需的模板。木匠还负责地板、屋顶木材以及大型结构（如围板

上图：木匠也会寻找弯曲的树木。图中弯曲的木材正在被切割为建造圆塔的墙板。顺着木头纹理切割而成的木构件会使成品更为坚固。

上图：木匠用手斧削制出锥形的橡木钉。钉子可用于将凸榫和榫眼连接在一起。

右图：盖德隆建设项目的木匠作坊位于城堡对面的森林边缘。图中左侧是大块描图地板，右侧为作坊。

建造技术：砍削梁木

城堡的梁木由木匠手工砍制。木工使用斧头和单刃劈斧将圆木砍削成平整的方形梁。木匠在森林中寻找与成品尺寸粗略匹配的树木，包括用于制作椽子和托梁的长直树木以及用于制作角撑和塔楼弧形壁板的弯曲树木。这些树木并非自远处运抵，而是来自盖德隆城堡周围的林地或附近的贝拉里森林。

伐木工在盖德隆森林中斜向挥动斧头进行砍击。他调整斧头的角度，在树木预定倒落的一侧形成了V形槽口。

伐木工和木匠使用尺子（左）和铅锤（右）在原木的两端划出水平线和铅垂线。

粉笔线纵贯原木以联结两端。请注意将原木固定在枕木上的"铁狗"（右）。

伐木工开始对木料的第一面进行原始的粗加工。他用斧头沿粉笔线的深度砍出槽口。

一旦用斧头砍掉槽口之间的部分，伐木工和木匠就使用单刃劈斧削出各个光滑的侧面。

木匠工具：短槌和被称为楔刀的金属工具用以将短橡木劈开，从而制成屋顶的木瓦或盖屋板。

单刃劈斧（左）和砍斧（右）。单刃劈斧有一个像凿子的单斜面，用以最后修整木材表面。

单刃劈斧或宽斧设弯曲手柄，以保护伐木工工作时不会刮伤手指。

木匠用框锯将原木切成一定长度。锯子在中世纪业已存在，但使用上不如斧头频繁。

木匠工头使用双齿榫眼斧头切割榫卯，非常有力、精确。

木匠使用螺旋钻在一块木头上钻孔。螺旋钻的钻头很长，手柄宽大，像一个巨大的开瓶器。

或吊桥）的安装工作。

木匠受人尊敬且报酬丰厚，能熟练掌握建造坚固木框架所需的复杂几何学知识。在建筑工地上，由木匠出于建筑的用途选择一定种类、高度和周长的树木。伐木工随后使用斧头和楔子将树木砍倒。砍伐后的木材会趁新鲜时尽快加工。对中世纪的木工而言，使用当时的手工工具来加工风干的橡木是不可能的。

在盖德隆，伐木工人和木匠在距离城堡东南仅100米的森林边缘的车间内共同工作。木匠着手制造梁、托梁和椽子，使用斧子和单刃劈斧来锯切树干。他们削除了外圈的边材，仅保留心材。如果需要制作弯曲构件，例如弯曲的角撑，木匠会选择一棵弯曲的树。顺着木材的天然纹理切割，可以制造出更加坚固的成品。制作脚手架的竖杆和横木（脚手架的水平支架）也需要木材供应。

盖德隆城堡中所有永久性的木制构筑物皆用橡木制造，包括屋顶木料、门、围板以及部分屋顶的盖屋板（类似于劈开的木瓦片）。伐木工人使用大头槌和楔刀劈开木头，再用橡木钉将盖屋板固定到遮盖中庭入口的大门屋顶和作坊的屋顶上。以橡木盖屋板铺设屋顶，其防水效果和陶瓦不相上下。

对于盖德隆的木匠来说，找到与13世纪屋顶木料所用的那种又高又细的树木非常

  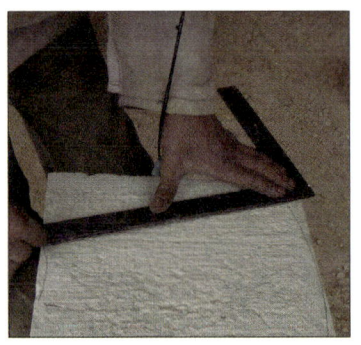

上图：石匠使用双头石斧对石灰石进行加工。

上图：石匠使用的圆锤、尖头冲子和两个平凿。凿子用于打磨出锋利的边缘。

上图：石匠使用三角板的直边在石灰石块上勾画出拱石的形状。

重要。城堡附近找不到高度和周长皆合适的橡树，但距盖德隆几公里的涅夫勒有一座拥有百年历史的贝拉里森林，其中有适合的树木可运送至盖德隆当场进行砍削。盖德隆大礼堂的屋顶使用了不少于30立方米整备好的橡木。整个城堡建设项目共计砍伐了250立方米的树木，获得了90立方米的木材，相当于150棵13米长的树木排成方阵。

石匠铺

在中世纪，建造城堡时，木匠的首要任务之一就是打造石匠铺。在石匠铺，雕石匠耐心打磨采石工人提供的建筑石材，用钝口平凿、凿子、冲子和锤子加工砖石表面以及按设计雕刻拱顶的梯形石。

石匠将工具存放在石匠铺中。石匠铺可以在天气恶劣时遮风挡雨，让石匠得以继续手头的工作，还供他们聚集其中用餐和社交。在这个石匠圣地中，秘诀和技术可以在石匠之间共享，在大师和学徒之间传递。中世纪的石匠之间往往互相照应，帮助那些初出茅庐或受伤生病的同行。石匠的生活方式总被认为具有共济会特征。

在中等规模的城堡中，许多本应位于大型中世纪城堡中庭或堡场内的建筑物会坐落于堡墙附近。盖德隆城堡的石匠铺正是如此，坐落于壕沟外侧、门楼西南约100米处。这是一栋开放式的轻型木制建筑，必要时可轻松地架设和移动。

石匠铺中除了有工作空间，还有一块描图板供石匠在其上绘制草图或等比设计图并制作具有特定功能的木制模板或模具。利用这些模板，石匠可以在石头上画出需要切割的形状并沿线条雕刻出成品。这些模具可以重复使用，以便在不同场所制作梁托（用于拱券和檐口的保护性支撑物）和拱石（用于砌筑拱券的楔形石）。石匠们在被称为"台板"的平坦工作台上工作，天气好时可将其搬至露天使用，天气恶劣时则可移至室内。

石匠工头会和石匠大师或领主本人在石匠铺中协商工资。当一名新石匠来到工地时，他通常会按件获得相应的报酬。与此同时，石匠大师会对他的工作速度和技巧进行评估。如果他能够通过测试，即可领到按周支付的薪水。有时，石匠可以协商以实物（例如住宿、食物和柴火）代替现金支付薪水。石匠是自由人，可以自由迁移，但有时也会被迫留在某个地方，在完成特定项目后方可离去，比如出于军事目的需要紧急建造一座城堡的时候。13世纪即有一例，库西勋爵强迫一群石匠在他位于法国东北部皮卡第的城堡工地上劳作：他们可按件获得酬劳，但无权擅离城堡。

石匠通常可以自由地进出不同地区和国家以赚取丰厚的报酬，这对建筑理念和防御工事类型的传播起到了重要的作用。许多石匠往返于英格兰和法国，参与两国城堡的兴建。他们甚至远去位于现在以色列、叙利亚和黎巴嫩的十字军王国，为医院骑士团、圣殿骑士团等军事团体修建贝尔沃城堡、骑士城堡等军事要塞。

铸币

堡场不仅是城堡空间体系的中心，还是城堡经济活动的中心。领主财产的大部分管理工作通常在正对堡场的大礼堂中进行。在盖德隆，这一点体现于城堡中庭沿东侧幕墙建造的一座铸币厂。在铸币厂，铸币师会向访客展示中世纪铸币从生产合金到铸造硬币的各个不同阶段，就此为盖德隆铸造专用的货币。

在中世纪，一枚硬币的价值取决于它的重量和贵金属含量（当时的贵金属是银）。在法国，流通的硬币是德尼埃（denier）。1苏（sou）相当于12德尼埃，240德尼埃相当于1里弗尔（livre）。德尼埃与英格兰的便士等值，苏与先令等值，里弗尔则与英镑等值。

下图：在盖德隆城堡北部的石匠铺里，一名石匠正在一张木制工作台上雕琢石灰石。雕琢石材的石匠被称为雕石匠。

上图：石匠用圆规和尺子在描图板上画出等比设计图。

上图：石匠根据这些设计图制作出木制模具。

建造技术：雕琢石块

在一座中世纪城堡中，礼拜堂通常是装饰得最为精美的房间之一。盖德隆城堡的礼拜堂在四分拱顶下方有三扇尖拱窗和一扇精雕细刻的石雕花格窗。雕石匠让-保罗的任务是"雕琢"（一种包含修整成形和表面处理的工艺）拱顶石。拱顶石装饰有精心雕刻的枝叶，是参照巴黎克吕尼博物馆中一件13世纪文物设计而成的。

1. 让-保罗在开始对拱顶石进行粗加工前，先用石斧将石材表面削平。

2. 让-保罗接着使用尖头冲子和锤子雕刻出肋拱的四块支脚。

3. 让-保罗将构成拱顶肋拱的楔形拱石打磨成梯形。

4. 拱石被放置在厚厚的编织长袍上，以便在雕琢石块时得到缓冲。

5. 在圆盘表面仔细地绘制好草图后，让-保罗开始雕刻枝叶。

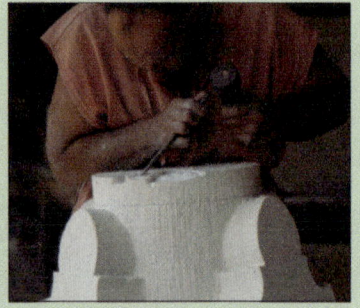

6. 铁匠锻造了一系列小头凿子以供修琢精细的装饰。

7. 让-保罗使用手摇钻轻轻钻入石头，雕刻出拱顶石上枝叶形状的浮雕。

8. 石匠大师根据13世纪的原作制作了黏土模型，用以在最后阶段供让-保罗参考。

9. 预备运送到城堡的拱顶石成品。雕刻拱顶石需要耗时5个工作周方可完成。

石匠标记

在中世纪，每名石匠都会在他完成的每块石头的顶面上刻上一个签名，可能是一个字母或是星号、十字等符号。当石块安装到位，这些符号通常会被覆盖，但在此之前，石匠大师和高级石匠会用它们来检查学徒的进度和不同石匠的工作质量。有时，这些标记也被用来计算石匠应获的报酬。考古学家和历史学家能够根据这些标记来追踪不同石匠的动向，例如在骑士城堡和现今叙利亚境内地中海沿岸的塔尔图斯大教堂中就找到了相同的标记。目前，也有研究人员在研究威尔士13世纪的蒙哥马利城堡和14世纪60年代的拉格伦城堡门楼中发现的石匠标记。

还有一类石匠标记是定位标记，用于标明石头的摆放位置和对齐方式。一块石料从在石匠铺加工完毕到嵌入城墙之间可能要经过很长时间，其间可能会被搬运至工地上的不同位置存放一段时间，刻上标记对于确保石材最终能被安置在预定的位置很有必要。

右图：图为一系列发现于13世纪英国城堡中的石匠标记。石匠标记必须便于刻画且形式简单，方才利于复制。

通过研究13世纪日索尔城堡和佩雷佩图斯城堡的管家账目，我们可以了解城堡的经济体制，得知哪些人最富裕而哪些人又最贫穷。记录显示：城堡工地的工人每天可获得10德尼埃，石匠一天可获得18德尼埃，而木匠一天可获得约24德尼埃。日索尔城堡的账目还显示，一位雕石匠一年可得到15英镑的收入。在军事方面，一名步兵军士一天的收入是12德尼埃，一名塔楼守卫的日薪可能是其三倍（每天3苏），而城堡的守卫队长每天可得5苏。

另有文献记载：在13世纪中叶的温莎城堡，建筑工匠和八位牧师的年薪为50先令，即平均每天不到2便士。军士的薪水较高，每天可达9便士。切普斯托城堡遗留下来的文献表明，负责于1270—1306年为第五代诺福克伯爵罗杰·毕格德建造城堡的石匠大师拉尔夫·戈根的周薪是2先令。在1250年前后的里兹兰城堡，熟练的工匠（如石匠大师和制造攻城武器的工匠）日薪高达12便士，军士的日薪为7.5便士，看门人每天仅有最低的2便士。

中世纪工艺：铸币

出于显而易见的原因，中世纪的造币厂大多建有防御工事。盖德隆城堡的铸币厂位于受城墙保护的区域之内，工匠尼古拉在其内使用13世纪的方法铸币。他的工作是实验考古学的绝佳案例，丰富了盖德隆建设项目的内涵，使我们得以了解中世纪先辈的工作方式。

1. 在第一阶段，尼古拉将熔化的铜银合金倒入模具中，再将其静置冷却。

2. 用锤子将冷却的金属锭捶打至硬币的厚度。

3. 尼古拉每隔一段时间会加热金属锭，防止它们在开始下一步加工前变得过于脆硬。

4. 使用重型切刀将金属锭切成方形的坯料，即硬币坯。

5. 铸币师将硬币坯逐块称重，确保其分量准确无误，如有误差则用大剪刀修剪调整。

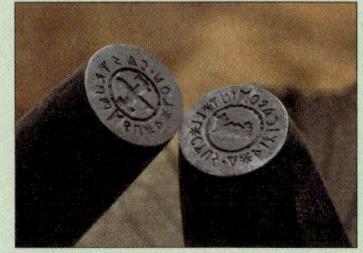

6. 铁制模具上刻有翻转的图像和文字，用以压印于硬币之上。

7. 修整并锤平硬币坯后，尼古拉将其放在一对铸模之间并用锤子敲击，从而将图案印在硬币的两面。

8. 盖德隆城堡现在拥有自己的货币了！来访的游客可以在铸币厂里欣赏这些硬币，还可以观看尼古拉制作硬币的过程。但与这些硬币的不同之处在于，中世纪硬币通常以纯银铸成。

切普斯托城堡和堡场设计

切普斯托城堡位于一处石灰岩山脊之上,凭借地势控制着下方怀伊河的要津。从1067年打下地基到1270年由第五代诺福克伯爵罗杰·毕格德下令动工,切普斯托城堡共计修建了三座堡场。多数城堡大小不一、建造年代各异,堡场设计主要取决于当地地形和出资人的喜好,通常着重于内部核心区域的安全性以及对国王或领主主要进出通道的把控。

封闭式堡场的概念可以追溯到早期的高地-堡场式城堡。在这种类型的设计中,堡场指高地或丘陵底部以木栅栏围合出的区域。后来,一些城堡以石材重修,但布局基本与早期木造的高地-堡场式要塞相同,一般在要塞原本的防御工事上建造石砌主楼,在新堡场周围也采用石制幕墙代替木栅栏。

一些城堡从一开始就设计有不止一处堡场。例如,在温莎城堡内,征服者威廉在位于东西两座堡场之间人工堆砌的高地上建造了第一座主楼。又如,诺森伯兰郡的阿尼克城堡于1096年建成,是一座内含两处堡场的高地-堡场式城堡。后来,堡内高地的一部分被拆除,改建为两处堡场之间的一座壳式主楼。13世纪,阿尼克城堡又在壳式主楼内部增设房间时加筑了第三道围墙并开辟了中庭。

诺丁汉城堡是由亨利二世在1067年基于早期诺曼时代木结构城堡而建的石砌城堡。诺丁汉城堡有三处堡场:内堡场占据了城堡基岩的最高处;靠近北侧的中堡场内造有大部分皇室成员居住的房舍;外堡场则大得多,位于东侧较为低矮的地面上。类似的

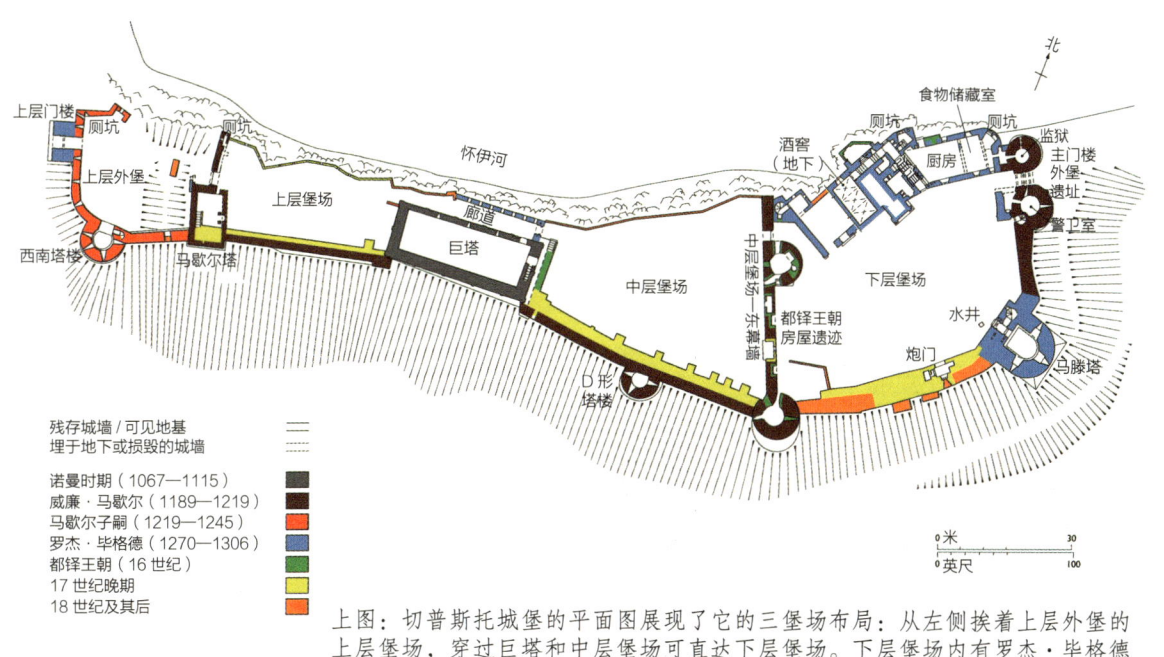

上图:切普斯托城堡的平面图展现了它的三堡场布局:从左侧挨着上层外堡的上层堡场,穿过巨塔和中层堡场可直达下层堡场。下层堡场内有罗杰·毕格德增建的居住房屋。

上图：切普斯托城堡的形状依托其所在的山脊而成，其壮观的遗迹在怀伊河弯曲的岸边投下了优美的阴影。（Cadw供图）

法国城堡有13世纪的奥滕堡城堡（位于阿尔萨斯）。该城堡建于1260—1265年，其总平面依当地地形采用了类似的三堡场布局：内堡场位于最高处，中堡场靠近南部，最大的外堡场环绕城堡的南部和东部。

英王理查一世的加亚尔城堡（建于1196—1198年）是另一座内设三处堡场的城堡：外堡场独立于另外两处堡场，尽管其中设有城堡的主门楼，但实际上可视为外堡；中堡场和内堡场皆可经桥梁进入，后者设有一座防守严密的主楼。

切普斯托城堡的堡场

威廉·菲茨奥斯本于1067年开始修建切普斯托城堡，至1090年在山脊最狭窄处建成了两层高的椭圆形巨塔。他还在巨塔西侧和东侧筑墙圈出上层堡场和中层堡场，占据了山脊的狭长地段。第一代彭布罗克伯爵威廉·马歇尔则修建了门楼，在中堡场内增设了圆形防御塔，重修了上层堡场的防御工事

左图：温莎城堡的上城区一直延伸到位于中心高地上的圆塔右侧，下城区则向左下方延伸。城堡最右侧围墙内的区域是东露台花园。（Alamy供图）

并加筑了门道和圆形壁塔。施工期间，亨利三世曾于1217年7月在城堡中停留了几天。

威廉·马歇尔的几个儿子随后重建并加固了巨塔，大幅重修了中层堡场的幕墙，同时加固了上层堡场的防御工事，还在其西门道处增建了一座雄伟的方形塔楼。另外，他们还在东侧开辟了下层堡场。

内堡场的防御设施

在轴心环形城堡中，防备严密的内区或堡场外通常会修筑外堡场以强化防御，而住宅房屋通常集中设置于内堡场中。例如，在哈莱克城堡中，内堡场囊括了日常生活所需的所有设施：粮仓、面包房、厨房、礼拜堂、监狱和两座大礼堂。这些设施中的一部分位于堡场内的四座塔楼——风向标塔、菜园塔、监狱塔和教堂塔中。高大雄伟且防守严密的三层式门楼中设有城堡总管的住所。1290—1293年，担任总管的是负责城堡建造工程的圣乔治的雅克大师。

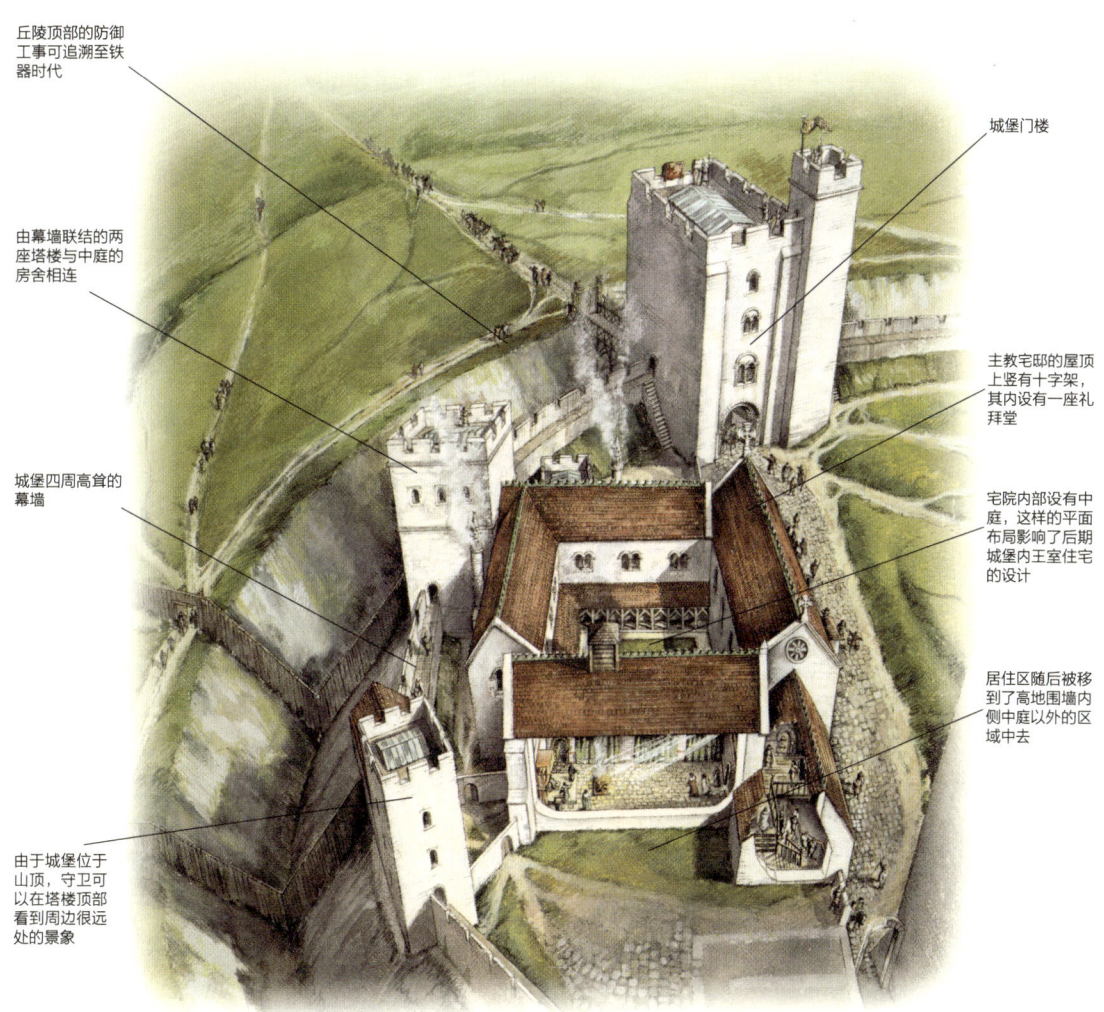

丘陵顶部的防御工事可追溯至铁器时代

由幕墙联结的两座塔楼与中庭的房舍相连

城堡四周高耸的幕墙

由于城堡位于山顶，守卫可以在塔楼顶部看到周边很远处的景象

城堡门楼

主教宅邸的屋顶上竖有十字架，其内设有一座礼拜堂

宅院内部设有中庭，这样的平面布局影响了后期城堡内王室住宅的设计

居住区随后被移到了高地围墙内侧中庭以外的区域中去

上图：如图复原了12世纪30年代由罗杰·勒坡在威尔特郡索尔兹伯里附近旧塞勒姆城堡的堡场中建造的奢华中庭建筑。图中可见丘陵要塞纵深的防御工事，而城堡高大的门楼则耸立在中庭后方。（Getty供图）

上图：哈莱克城堡外城区中酒水储藏室（下）、门厅（中）和厨房（上）的遗迹。门厅可能是家政官员查验食物的地方。（Cadw供图）

在博马里斯城堡，住宅房屋集中于内堡场的东西两侧。这一点可以由这些建筑遗留至今的壁炉残骸得以证实。

建于1283—1292年的康韦城堡的线性平面规划十分有趣，由其所在山脊的细长地形所决定。康韦城堡有两处完全独立的堡场，中间以一道横墙分隔。这意味着如果其中一处堡场被敌军攻占，守卫仍然可以自另一处堡场出动保卫城堡。外堡场中设有大礼堂和驻军房舍，而王室居所则设于与外隔绝的内堡场里。这两处堡场在狭长形城堡区域的两端各有附设的外堡场。

与之类似的是卡那封城堡，因地形而不适宜建为轴心环形城堡，故设置了并排的内堡场和外堡场。守备森严的国王城门和王后城门均可通向外堡场，而大礼堂和鹰塔（包含一道边门）则设于内堡场中。作为英格兰王室在威尔士的权力象征，卡那封城堡由厚达6米的巨大幕墙环绕，可以容纳守军常驻。幕墙沿线修筑了不少于十二座塔楼，其中四座在多个楼层上设置了住宅屋室。

堡场内的构筑物

在威尔特郡索尔兹伯里以北的旧塞勒姆，诺曼人于1070年在撒克逊时期的丘陵要塞上建造了一座高地–堡场式城堡。之后，在12世纪30年代，亨利一世的大法官、塞勒姆地区的主教罗杰·勒坡在堡场内建造了一座宅邸。此地制高点位于今索尔兹伯里以北约3公里，自新石器时代以来就先后有猎人和农民在此定居。在公元前400年前后的铁器时代，此处建造了一座长宽各约为400米和360米的椭圆形丘陵要塞，周围环绕以中间挖有一道壕沟的双层堤坝。这个大型遗迹靠近数座坟冢，距重要的巨石阵和埃夫伯里巨石遗迹也很近。在撒克逊时代，这里曾是一个丘陵小镇，设有专属的铸币厂。

在征服英格兰后的几年内，诺曼人在这处铁器时代的防御工事里建造了一座高地–堡场式城堡。中世纪时，赫尔曼牧师在被任命为此地的主教后，开始在堡址的外城墙内兴建一座大教堂。教堂施工延续至他的继任者奥斯蒙德任内方告完成，其落成的祝圣仪式于1092年4月5日举行。但根据文献记载，仅在五天后，此建筑就在一场大风暴中遭到严重损坏。在12世纪10年代，罗杰主教在丘顶的外围城墙中重修并扩建了大教堂。在随后的13世纪20年代，附近的山谷中修建了一座新的大教堂，现今的索尔兹伯里市就是围绕其周边发展起来的。

旧塞勒姆城堡颇为重要。1070年，威廉一世曾在此处集结军队，将征战英格兰北部的报酬支付给士兵。一些学者认为，威廉一世于1086年正是在此处收到上呈的《末日审判书》。同年8月，他在旧塞勒姆召集了一次会议,以使出席人士(包括重要的英格兰骑士、郡守、贵族和牧师)皆宣誓效忠于他。

中庭式住宅

罗杰主教于12世纪30年代在旧塞勒姆城堡的堡场中建造了规模庞大的宅邸,面积为170米×65米,其中设有中庭。宅邸中建有一间长60米的房间与塔楼相连,可能用作大礼堂。罗杰主教还在英格兰西南部多塞特郡舍伯恩城堡的内堡场中建造了一处类似的宅邸,包含一个大礼堂、一个位于二层的礼拜堂和一座相连的塔楼。(这些建筑物遗迹现称"旧舍伯恩城堡",位于一处被称为"舍伯恩城堡"的16世纪都铎式庄园内。)

城堡历史学家将罗杰主教在旧塞勒姆城堡和舍伯恩城堡建造的宅院,以及温彻斯特的沃尔夫西城堡中的类似住宅称为中庭式住宅。沃尔夫西城堡,现称旧主教宫,由史蒂芬国王的弟弟、温彻斯特主教布洛瓦的亨利于1130—1136年建造。沃尔夫西城堡自为一处严密的防御工事,在1141年神圣罗马帝国的玛蒂尔达皇后发动的攻城战中坚守三周不破。在此期间,城堡守卫向城堡附近市镇里的房屋发射了火焰弹,无可避免地烧毁了市镇中的大部分建筑。这场战役被称为"温彻斯特溃败"。亨利二世后来拆毁了城墙,可能也拆除了城门的防御设施,使沃尔夫西城堡无法再作为军事要塞使用,但其中精美的主教宅邸则得到了保留。

这些中庭式住宅影响了许多王室居所的设计,例如亨利二世在温莎城堡上城区建造的那些房间就是城堡功能从防御力量的象征向展现主人财富和奢华品位的豪华住所转变的体现。

下图:切普斯托城堡的下层堡场由威廉·马歇尔的子嗣建造。图中则可见由罗杰·毕格德自1270年开始增建的住宅屋舍。(Cadw供图)

盖德隆城堡的中庭

到盖德隆城堡完工后,游客可经一座固定式桥梁进入双塔门楼。步入城堡内,迎面而来的会是近乎长方形的中庭。门楼对面是北楼,楼内设大礼堂和用作领主卧室的前厅。这些宽敞房室的下面是储藏室、厨房等服务用房。

站在门道中的访客会发现他们左侧的幕墙延伸至西角塔,其顶部设有鸽舍。西幕墙又从该处连接到西北角的礼拜堂塔。沿幕墙高处,筑有一条木制城墙走道。在幕墙以内的中庭里,调制砂浆和石灰的工人正在辛勤工作。礼拜堂塔的地窖中有一个蓄水池,一楼为墙壁上设有射箭孔的射击廊道或警卫

西角楼

封闭式中庭

后城门

巨塔

左图:一幅盖德隆城堡完工后的数码效果图。

下图:越过未完工的正面城墙,可以看到盖德隆中庭内的景象。一座固定式木桥横跨干涸的壕沟,壕沟中将矗立一座双塔门楼。

上图：石匠正在装设礼拜堂的哥特式花格窗。这扇精美绝伦的窗户由36块精心雕琢的石料砌筑而成，可以透过它俯瞰下方的中庭。

建造的门楼的主入口以南约200米处，但中世纪的城堡一般会为安全起见而将作坊设于堡场内，故在敌军进犯的情况下仍可受到保护。出于安全的考量，城堡工地上固定脚手架的绳索是具有工业强度的现代绳索，现场制造的绳索则用于在工地上捆扎物品以及固定百叶窗、制作绳带和悬挂式置物架。

绳子通常由八股或十六股线构成，一般较细。如果要制作更粗的绳子，就必须增加股线的数量。编制绳子时，纺线的一端将固定到手摇捻绳架的四个钩子上，纺线拉长后形成的"走绳"的另一端则固定到有一个单钩的木制可移动捻绳车上。制绳工转动捻绳架的手柄，即可将纺线捻成股线。在这一过程中，"走绳"会将捻绳车拉向捻绳架。

室，二楼为礼拜堂，三楼则是覆有锥形屋顶、筑有垛口的瞭望台。

巨塔位于中庭的东北角，西侧为巨楼。东幕墙与东隅的角楼相连，其前方设有铸币厂，内有工人铸造钱币。

沿着幕墙高处所筑的木制城墙走道是在2014年加筑而成的，部分木料是木匠拆除中庭内脚手架后重复利用的。这样的木制构筑物在中世纪城堡中起到了重要作用。中庭里的其他木构还包括巨塔和大礼堂之间带顶篷的走道，以及后门处的单坡顶小屋。

制绳工

盖德隆建设项目的制绳工负责供应工地所需的麻绳和亚麻绳。他们的作坊位于正在

下图：沿着西幕墙设置的城墙将楼板搭设于插在石块内的横木之上，其顶篷则由石梁托支撑。

095

第4章 堡场

中世纪工艺：制造绳索

盖德隆建设项目使用的绳索大多是在城堡周围工匠村的制绳作坊制造的。为了符合现代工程安全标准的要求，踏车的绞盘上和脚手架的搭建都使用了更坚韧的绳索。

1. 制绳工在操作"走绳"时有条不紊地工作：将绳索缠绕在作坊外的机器上。其中一名工人已将纺线缠绕在手摇捻绳架的钩子上。

2. 在"走绳"的另一端，制绳工摇动手摇捻绳架的手柄。纺线捻成股时会拉动活动式捻绳车。

3. 这是部分完全使用13世纪的材料和方法制成的绳索成品。为了制成更粗的绳索，工人增加了纺线的股数。（Getty供图）

排水设施和饮用水

水务管理相当关键，不仅需要防止场地淹水，还需要确保城堡内领主、守军和居民即使处于围困中也可获得安全的饮用水。通过研究可以看出，在选址时，是否可从山泉、水井或急流河川获得供水是一个重要的考虑因素。当然，许多城堡外围都会开辟护城河，但由于大量的废水（包括厨房废水以及人类排泄物）会被排入护城河，因此不可充当饮用水。

在城堡的建设中，石匠和工人会精心规划良好的排水系统以将中庭和墙基中的水排出。此外，安装排水沟将雨水排至沟渠或护城河中是修筑堡场四周幕墙结构的重要步骤。

盖德隆城堡也铺设了类似的排水系统。

上图：巨塔地窖中的蓄水池。雨水是无法阻挡的，所以石匠大师的主要任务是找到保持场地排水良好的方法。

左图：这是中庭内7米深的水井在雪中的景象。施工期中每天都需要使用井水。由于气温下降到零度以下时无法使用石灰砂浆，因此冬季不会进行施工。

在修筑幕墙、塔楼和中庭的早期阶段,石匠大师和他手下的工人安装了排走中庭积水的蓄水池。他们在中庭挖了一口深达 7 米的井,使其提供日常施工所需的用水。在规划城堡的平面布局时,石匠大师和他的顾问决定在塔楼基部(包括礼拜堂塔塔基的斜墙以及巨塔的地窖中)建造蓄水池。此外,为了避免浪费任何资源,工地上还会放置木桶收集雨水。石匠会使用桶中的雨水来清洁工具,制

右图:在访客的注视下,四名木匠正准备抬着沉重的系梁踏上石阶,进入设有大礼堂的北楼南墙。

盖德隆城堡的固定式桥梁

进入盖德隆城堡中庭的桥梁是固定式桥梁,而非吊桥。在 13 世纪的法国——在这位想象中的盖德隆领主建造城堡的 13 世纪,仅有王室城堡或重要市镇才会使用吊桥。盖德隆城堡的木桥是在城堡的斜坡地基完工后,由木匠设计并于 2000—2001 年建造的。它是盖德隆城堡的第一件大型木制构筑物。该木构由两段在木墩处接头的栈道组成,装配有护栏,在城堡的一端以石匠修筑的桥台支撑。桥梁必须足够坚固,才能承受由拉车大马拖到工地的沉重石块。马匹则必须进行过特殊训练,才能在护栏之间的狭窄桥梁上穿行。

为了提供必要的木材,伐木工使用伐木斧和双人锯砍下了 57 棵精挑细选的橡树。然后,木匠施展技艺,使用单刃劈斧对木材进行修整,再根据设计图在木匠作坊的绘图地板上把各个构件一字排开。他们接着在作坊里试组桥梁,再拆解下来在预备搭设桥梁的位置重新组装。与此同时,铁匠锻造了 700 枚铁钉用以固定桥梁结构。

上图:这座固定式桥梁是盖德隆城堡建造的第一个大型木制构筑物,以中间的木制桥墩支撑着两段栈道。

上图:每年有 30 多万名游客经由这座桥梁进入盖德隆城堡的中庭。载有建材的马车也经常在其上通行。

5

主　楼

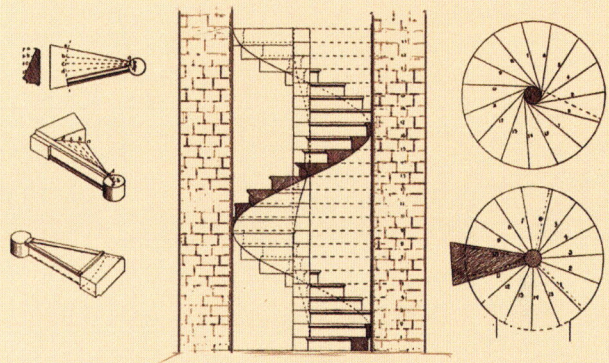

　　许多城堡的巨塔或主楼中设有领主的居所。这片区域是城堡防御工事中最为牢固安全的部分，即使城堡的其他部分被攻占，防御者仍可退守此处。在由高地-堡场式防御工事改建而来的城堡中，一般会将石砌主楼建于土丘或高地的木塔遗址之上，或者以石筑的壳式主楼将高地包围起来。在以法王腓力二世确立的建筑原则修筑的城堡中，巨塔是四座角楼中最高大宏伟的，其一层设有射击廊道，较高的楼层则设有布置考究的贵族卧室。盖德隆城堡亦属腓力式城堡。

壳式主楼

城堡主楼的早期形式是壳式主楼,即一块被城墙环绕的、形状和大小各异的封闭区域,其中设置领主居所和其他重要的居民建筑,例如营房、厨房和礼拜堂。在用新砌的石墙取代了早期高地-堡场式城堡采用的木栅栏后,这个区域成为一个相对安全的避风港,可作为中世纪家庭的日常生活空间。

在石砌城堡的改建过程中建造壳式主楼时,石匠通常会下挖1.8—2米深的地基以支撑主楼的幕墙。幕墙通常厚3—3.6米,高4.5—9米。

根据领主的喜好以及场地条件,这些幕墙环绕的壳式主楼形状各异。这一点可以从保留至今的遗迹的轮廓中得见。例如,在彭布罗克郡的威斯顿城堡,一座12世纪初期的壳式主楼建于9米高的高地之上。这处高地原是法兰德斯领主维索在英王亨利一世授予

上图:位于彭布罗克郡威斯顿的高地-堡场式城堡,建于12世纪上半叶。(Cadw供图)

左图:温莎城堡宏伟的圆塔最初是亨利二世修建的壳式主楼,现存建筑绝大部分建于19世纪。(Alamy供图)

的领地上建造的高地-堡场式城堡。威斯顿城堡的壳式主楼的轮廓呈多边形,共有18个面,但墙的内侧是圆形的。主楼南侧有一个拱形门道,至今仍可在墙壁上看到为了保证城门安全曾经插入过横木的孔洞。这座多边形主楼内是一处颇大的椭圆形堡场,直径约18米,其中曾建有大礼堂、礼拜堂、营房、储藏室、客房等建筑物,大部分或为木结构建筑。

别处的其他城堡也出现了用更坚固耐用的石砌建筑取代木制构筑物的情况。例如,在西萨塞克斯郡的阿伦德尔城堡中,英王亨利一世的第二任妻子鲁汶的阿德丽莎寡居后再嫁的丈夫威廉·阿尔比尼二世修筑了一座

石砌壳式主楼，其所处的高20米的高地原为蒙哥马利的罗杰于1068年修筑的高地-堡场式城堡。这座壳式主楼墙高9米，长约20米，宽约18米。房室沿主楼内壁修筑并设有朝向中庭的窗户。

其他著名的壳式主楼包括温莎城堡的圆塔。该塔由亨利二世于1170年下令修筑，以取代1070—1086年建造的诺曼式木制主楼，但在后期进行了大幅度的改建。另有托特尼斯城堡的壳式主楼，它可能由第三代布兰博勋爵威廉·布劳斯在一处高地-堡场式城堡之上建造。城堡最初由托特尼斯的朱埃尔下令修筑，他是征服者威廉麾下的男爵，于1068年获得该封地。

雷斯托梅尔城堡

雷斯托梅尔城堡始建于1100年前后，坐落于康沃尔郡一处可以控制福伊河的高地上。城堡起初为一处高地-堡场式要塞，随后于12世纪末或13世纪初由卡迪纳姆的罗伯特改建为壳式主楼。主楼墙体保存完好，部分高7.6米、厚2.4米，使得主楼直径达38米，墙基深埋于高地。主楼周围环绕以宽大的沟渠，沟渠跨度为15米、深度达4米。雷斯托梅尔城堡在13世纪60年代的第二次男爵战争期间两度沦陷后，先后由亨利三世的弟弟康沃尔的理查和其子埃德蒙继承。后者在主楼墙中添筑了内室，包括大礼堂、屋顶室（高层的领主私人住所）、厨房以及客房。

多边形壳式主楼

温莎圆塔和托特尼斯城堡的壳式主楼同雷斯托梅尔城堡的主楼一样趋于圆形，而其他许多城堡的壳式主楼外观呈多边形，如威斯顿城堡。建多边形主楼的城堡案例还包括塔姆沃思城堡和怀特岛上的卡里斯布鲁克城堡。后者的壳式主楼有11边，宽18米，由理查德·雷德弗斯于12世纪初在威廉·菲茨奥斯本修筑的高地-堡场式城堡之上新建。另有东米德兰兹郡的林肯城堡，其多边形主楼于12世纪建造在城堡的两座高地中的一座上，以扶壁分隔出15个面。

右图：加的夫城堡的石砌壳式主楼建于1150年前后，位于一处9米高的高地上。此处原为木构建筑，可能由征服者威廉本人建造。

下图：在雷斯托梅尔城堡保存完好的壳式主楼中，仍可见由康沃尔的埃德蒙增筑的房室遗迹。

塔式主楼

塔式主楼或巨塔坐落于城堡的中心，往往是城堡内最宏伟的建筑，是向其他贵族成员和当地居民展现领主权力的象征。它还具有重要的实用价值，通常含有数层房室供居住所用，亦可作为强大的防御工事抵抗敌军的持续进攻。

英格兰南部的罗切斯特城堡是12—13世纪最为壮观的塔式主楼之一，由坎特伯雷大主教科贝伊的威廉于1127—1136年建造。该主楼高约38米，曾有反叛的男爵们率兵于1215年在此抵御住了约翰王率领的皇家军队发起的历时两个月的残酷围攻。

罗切斯特城堡

罗切斯特的第一座城堡大概是1066年"诺曼征服"时期建造的高地-堡场式要塞，在1087—1089年由罗切斯特主教冈杜尔夫重建为石砌城堡供国王使用（科尔切斯特城堡和伦敦塔的白塔或许也由他所建）。1127年，亨利一世将这座城堡赐予坎特伯雷大主教科贝伊的威廉及其继任者，条件是加固该城堡的防御

上图：罗切斯特城堡宏伟的主楼共有四个楼层，其中两层建有一系列套房。

左图：罗切斯特城堡方形主楼的气势来自其高度，四隅的角楼更是高出城垛3.7米。幕墙由冈杜尔夫主教修筑，气势恢宏的主楼则是科贝伊的威廉的杰作。（Alamy供图）

工事。

科贝伊的威廉于是启动了塔式主楼的建设工程。他和手下石匠设计的塔楼平面呈方形,各边长21米,每个转角都建有扶壁支撑。工匠们耗费了至少十年的时间将墙面砌筑到约38米的高度,使它成为诺曼时期英格兰最高的塔式主楼。主楼附设四座高出城垛3.7米的角楼,低处和高处分别设有较小和较大的窗户。主楼用肯特郡的硬质岩石砌成,饰面石材使用了特地从诺曼底进口的精细的卡昂石。

主楼墙基厚3.7米,顶部厚3.5米。该厚度足以在其中建造房室。主楼内部由一面东西向的横墙隔开,不仅在结构上起到了支

上图:盖德隆巨塔的塔门由木匠用手工劈削而非锯切的木板制成,再以单刃劈斧修整并以加装带饰。

下图:切普斯托城堡巨大的城门可追溯至1159—1189年,是欧洲现存最古老的门板,最初用于阻止外人进入12世纪威廉·马歇尔建造的城堡门楼。

1215年的罗切斯特围城战

1215年秋,罗切斯特城堡成为长达两个月的围城战战场。当时,约翰王率领皇家军队包围了在此避难的反叛军。在攻破城墙并占领堡场后,皇家军队用五台大型攻城机器日夜不停地攻击这座塔式主楼,并派挖掘工下挖其东南角的墙基。国王命人将"四十头最肥但不好吃的猪在塔下烤了"。他的手下奉命在塔下杀猪点火,大火不仅烧毁了他们在墙基被挖处放置的木结构支架,还烧毁了塔楼的一隅。城堡防御者只能撤退到塔中分隔内部空间的横墙之后。围攻持续了两个月,守军所面对的态势恶劣,到了只能以战马为食的地步。最终,守军于1215年11月30日投降。

建造技术：制作和装设有带饰的门板

盖德隆城堡施工现场的木匠和铁匠协力为巨塔制作了一扇具有带饰和华丽雕刻的沉重门板，用以充当巨塔的大门。门板上的装饰图案经仔细研究，参照法国中部利尼亚克、阿莱拉克、伊德和塞朗东等地教堂的门板，刻画了二十种独特的兽头和人头造型以及叶形装饰。木匠采用13世纪的技术，以锯子切割手工劈削的木板并用单刃劈斧对表面进行修整。为此，他们需要确保在处理木材时顺着木纹而不能将其横向切开。这种技术由来已久，可以让门板更具有耐候性且不易腐烂。

1. 厚木板一开始的粗糙程度接近于树皮表面，需要用单刃劈斧对其表面进行修整。

2. 铁匠锻造熟铁铰链，并根据设计图锻造弯曲的带饰。

3. 在木匠作坊中，铁匠将铰链安装到门板上，并试装表面的带饰。

4. 门板被装载到推车上，预备移至巨塔。门上可见沉重的铰链。

5. 门板在塔内固定到位后，铁匠用铁钉将带饰钉于门板之上。

6. 用铁匠铺自行锻造的锤子和钉子对带饰加以固定。带饰可以在遭受攻击时保护门板。

7. 带饰中的蛇头装饰。这个金属物件不仅能起到防护作用，也显示出了财富和威望。

撑起巨大塔楼的作用，还在四个楼层上隔出数间两室的套房。此外，它还可在紧急关头充当最后一道防线。这一点城堡守卫在1215年深有体会。

主楼的一楼或用作储藏室，二楼则设有一间大居室和一个大礼堂。城堡总管负责在领主不在时维护和保卫城堡，他的住所也设于二层，可能就是内嵌于西北角墙面、现称为"冈杜尔夫之屋"的房间。

三楼的房室高8.2米，上半部分的墙壁辟有嵌入式的长廊。三楼还设有一间长8.5米、宽4.6米的礼拜堂，或为大主教专用。横墙上开有一些开口，还砌有半圆形拱券和圆柱。横墙内有一筒井与地下室的水井相连，筒井深18米，即使身处三楼也可从中抽水。三楼还设有一间附属礼拜堂、更多的卧室和通往屋顶的通道。

实践"历史"（hands-on history）

主楼大门是盖德隆建设项目中制造的第三扇门，与第一扇门形成了鲜明对比。第一扇门是安装在教堂塔一层的塔门，由切锯好的木板制成，没有加装任何带饰，因此硬度相较于第三扇门要小得多，并且只在门外装有一个锁头，这会使它作为防御屏障的效力大大降低。

这个过程很好地说明了在盖德隆进行的实验考古对于我们了解13世纪城堡建筑的重要意义。为了建造一座令人信服的中世纪建筑，建设团队有时必须抛下已有的知识重新开始，以求找到适当的技术或方法。团队在一个又一个施工季里，设计、制造和使用城堡的建筑构件，观察它们在日常使用中的老化过程。这都为历史学家和手工匠人提供了极为宝贵的启示。

保卫主楼

罗切斯特城堡的塔式主楼可以经北立面的前楼的二楼楼梯进入。楼梯起点位于主楼西侧，在西北角穿过一个高约3.7米的小防御塔转弯（该塔现已基本损毁）。这座两层塔楼（前楼）的作用是保卫主楼入口，确保入侵者处于守卫的火力覆盖范围内，其二楼与所谓的"冈杜尔夫之屋"相连。

进入塔楼的通道里有一处长2.7米的缺口，经一座横跨4.6米深壕沟的吊桥方可通过。吊桥之后是宽达1.8米，拱顶带有精致人字形装饰的拱形门廊。此处的城门可能用横木栓住，并装设吊闸加以保护。通道尽头是一间气势宏伟的门厅，宽4.3米，长7.9米，设有五扇窗户。经过门厅即可进入主楼。

这一时期的城堡越来越强调加强主楼或巨塔入口的防御工事，例如通过设置吊桥、吊闸、谋杀孔和城门来保卫大门和门道。坚固的门板本身就是防御工事的重要组成部分，往往以横门将其固定于墙壁上，并用熟铁制作的带饰进行加固。安装带饰不仅能加固门板，更能使其抵御物理攻击，还起到了展示作用：它是美和地位的展现，也是财富和力量的象征。

铁匠

就像石匠大师或雕石匠一样，铁匠是受人尊重的自由人，有些甚至因其高超的手艺而获得众人的崇拜。铁匠铺在战争期间会设置在城堡的堡场中，在城堡建造时会设置在工地的中心地带。在和平时期，铁匠也可能在当地的村庄里劳作，必要时也会到城堡中避难。

右图:铁匠铺中,铁匠正在铁砧前用钳子夹住一个刀头加以锤打锻造。铁匠需要不断为石匠和木匠维修和磨快他们的工具。

下图:铁匠铺的工作环境潮热肮脏。其中一名铁匠正在用大锤锤打烧成橙红色的金属块。除了要修补旧工具和打造新工具,铁匠团队还找到了回收再利用废弃零件的新方法,确保不浪费任何资源。

盖德隆城堡的铁匠铺位于东隅角塔以南约200米处,内有铁砧、炉子和风箱。铁匠可用铁钳夹住炽热的铁块并用锤子猛力击打。

就像中世纪一样,铁匠对于保持盖德隆城堡工地的顺利运转至关重要。例如,每位雕石匠都有一套包括钝口平凿、凿子、冲子和榔头在内的工具包。若要处理采石场采来的粗糙砂岩,一个石匠会在一天的时间内磨损掉整套工具。因此,铁匠的主要任务是对工具进行加工,即制造和维修工具。

为确保工作的顺利进行,雕石匠会在铁匠维修工具时使用备用工具。铁匠铺里设有一组木制格架,每位木匠都有专属的格子用

铁匠的"色卡"

铁匠会在加工金属块时密切注意它们的颜色,因为可以由此判断金属的温度以及应何时采取特定方式加工金属。当金属呈猩红色,即大约270℃时,铁匠可以开始加工金属;当金属呈樱桃红,即大约750℃时,可以准备回火(通过将其浸入油或水中使其快速冷却来提高硬度)。当温度达到1200℃—1300℃时,金属会变成浅黄色,甚至达到白热状态,这时就可以将其锻造成形。

水坚韧又具有延展性，还不会生锈，在安装彩色玻璃窗时也有所应用。

其他著名的塔式主楼

几乎在同一时期（11世纪30—40年代），埃塞克斯郡的海丁厄姆城堡也建成一座宏伟的主楼，规模与格局皆与罗切斯特城堡的主楼近似。该主楼或由亨利一世的司库奥布里·德维尔二世下令修建。主楼平面不算完全方正，长16米、宽18米、高21米，内设四个楼层。角楼高于屋顶的低矮挡墙7.6米。

主楼墙体的表面采用了北安普敦郡巴纳克采石场生产的高品质琢石，墙心则以燧石毛石和石灰砂浆填充，墙基厚3.5米，顶部厚3米。三楼和四楼设一间宏伟的大礼堂和

上图：石匠和木匠在一天的工作结束后将他们需要打磨和修理的工具放在铁匠铺中的格架上。他们每人还有一套备用工具可供使用。

于放置需要磨利、回火或维修的工具。

在中世纪，炼铁费时又费力。在盖德隆也是如此。因此，铁制品从未被丢弃过，而是回炉重造后再次使用。盖德隆建设项目的铁匠们表示，他们会将损坏的锤子重新打造成铁钉或划线器。（划线器是一种尖头的金属工具，用于在金属或木头上标记出待切割的位置。）

在盖德隆，铁匠还负责锻造建造城堡所需的金属部件，以及用铅水将铰链和栅栏嵌入砖石中。铅水也由铁匠烧制。他们有可移动的炉膛，能带到需要制铅的地方使用。铅

上图：铁匠将熔化的铅水倒入模具中。铁匠能够在可移动的炉膛中将铅块加热至液态，然后将其小心倾倒在需要的地方以待冷却。

上图：海丁厄姆城堡方形主楼三层大礼堂的诺曼式拱门是欧洲最大的拱门。大礼堂还设有精美的窗户和巨大的壁炉。（城堡运营方供图）

左图：海丁厄姆城堡的主楼可以说是英格兰保存最完好的诺曼式主楼。四座高7.6米的角楼中有两座至今尚存，精美的琢石饰面引人注目。（城堡运营方供图）

一个巨大的壁炉，窗户装饰以锯齿形花纹，还有高8.5米的诺曼式拱门——它是欧洲最大的拱门。

这时期其他重要的塔式主楼还包括伦敦塔内建于10世纪70年代末—1100年、内设三层楼的白塔，以及始建于约1074—1076年的科尔切斯特城堡主楼。两者的外形惊人相似，均在东南角设有突出的拱壁。建筑史学家认为英国这两座城堡的主楼受法国诺曼底地区伊夫里拉巴塔耶城堡内塔式主楼的影响很大。这座城堡则于公元 1000 年前后由一位名叫朗弗雷的建筑大师为伊夫里女伯爵奥布雷而建。

科尔切斯特城堡主楼的占地面积是所有塔式主楼中最大的。它长 46 米、宽 33.5 米,建于古罗马屯市卡慕洛杜努姆(科尔切斯特前身)一座神庙的台基之上。

有时,历史学家将科尔切斯特城堡主楼这般低矮的主楼视为"礼堂式主楼"而非"塔式主楼"。按此标准,诺里奇城堡和诺福克郡赖辛城堡的主楼皆为"礼堂式主楼"。诺里奇城堡的主楼由威廉二世和后继的亨利一世下令在 1095—1115 年建造。城堡长约 29 米、宽约 27 米、高约 21 米,墙面饰以琢石且砌有四层连拱装饰,华美异常。主楼入口位于二层,经由东侧的前沿建筑毕格德塔(该塔已不复存在),再登上一段石梯后进入。主楼内部已经损毁,但历史学家认为楼内曾设有挑高两层的大礼堂、礼拜堂、厨房以及 16 个以上的厕坑。

赖辛城堡的建成年代稍晚,自约 1138 年起由第一代阿伦德尔伯爵威廉·多比尼建造,是一座两层高的礼堂式主楼。它的长宽分别为 24 米和 21 米。墙体高 15 米,以一种当地出产的褐色碎石筑成,墙面饰以琢石。

下图:科尔切斯特城堡主楼可能是由罗切斯特主教冈杜尔夫设计的,他也参与了部分罗切斯特城堡的建造。这座主楼在所有塔式主楼中体量最为庞大,施工团队使用了来自罗马屯市卡慕洛杜努姆的砖头和黏土。

主楼可经华美的前沿建筑进入,其较高的楼层设有大礼堂、门廊、礼拜堂和厨房等居住用房。

多佛尔城堡的塔式主楼

1181—1187 年,英王亨利二世手下的石匠大师工程师莫里斯在多佛尔城堡内建造了华丽的塔式主楼。这是一座宏伟壮观的建筑,塔底面积近 30 米见方,塔高 25.3 米,墙基厚达 6.5 米。楼内共分三层,通过角楼中的螺旋楼梯上下。豪华的国王卧室位于三楼。

就像莫里斯于 1168—1178 年在纽卡斯尔城堡建造的主楼一样,多佛尔城堡的三楼由筒井提供用水并且铺设铅管将水输送到建筑的其他区域。纽卡斯尔城堡和多佛尔城

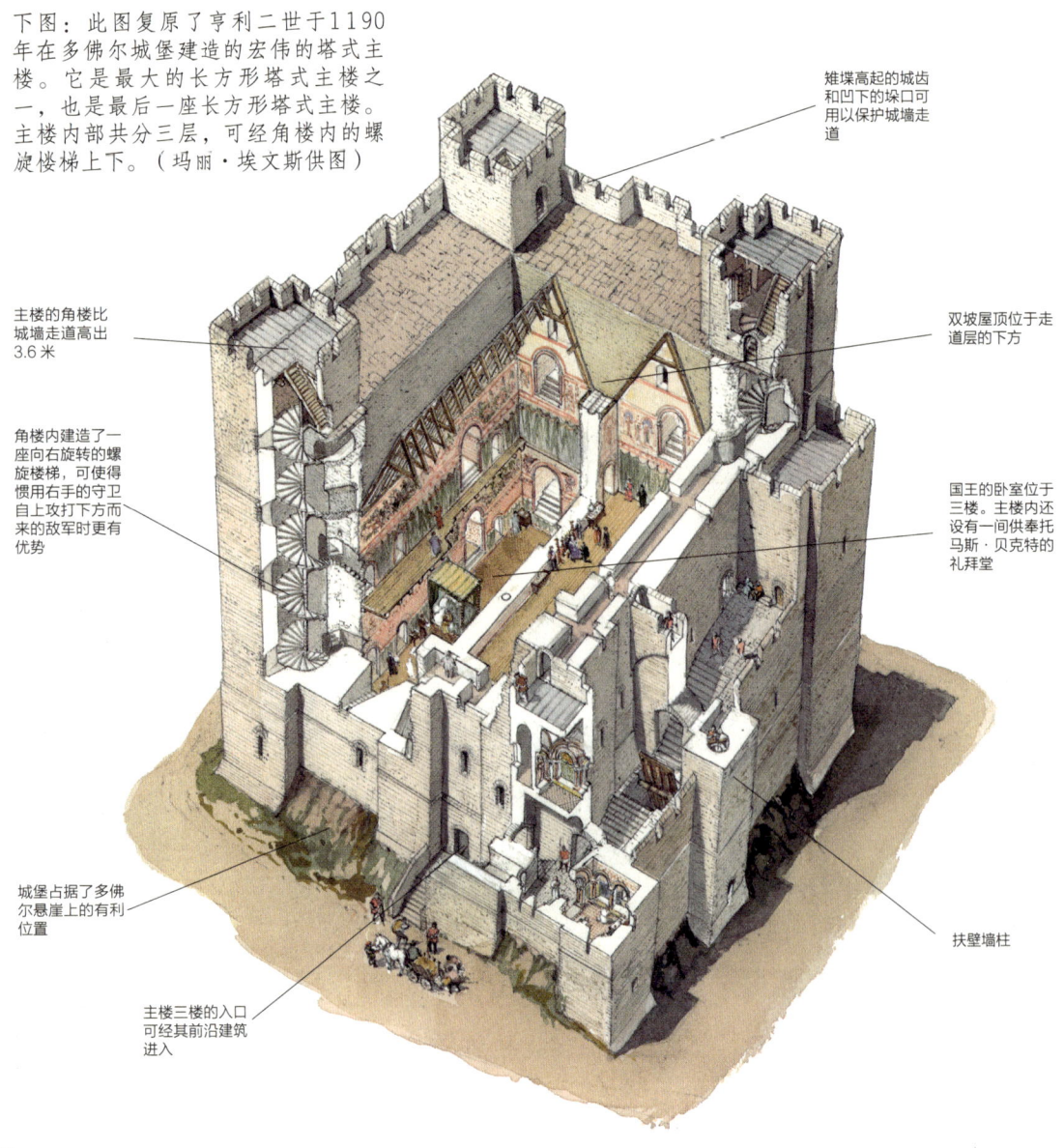

下图:此图复原了亨利二世于 1190 年在多佛尔城堡建造的宏伟的塔式主楼。它是最大的长方形塔式主楼之一,也是最后一座长方形塔式主楼。主楼内部共分三层,可经角楼内的螺旋楼梯上下。(玛丽·埃文斯供图)

雉堞高起的城齿和凹下的垛口可用以保护城墙走道

主楼的角楼比城墙走道高出 3.6 米

角楼内建造了一座向右旋转的螺旋楼梯,可使得惯用右手的守卫自上攻打下方而来的敌军时更有优势

双坡屋顶位于走道层的下方

国王的卧室位于三楼。主楼内还设有一间供奉托马斯·贝克特的礼拜堂

城堡占据了多佛尔悬崖上的有利位置

扶壁墙柱

主楼三楼的入口可经其前沿建筑进入

右图：多佛尔城堡的塔式主楼由莫里斯于1181—1187年为亨利二世修建，矗立九百多年不倒。主楼高29米，墙基厚6.5米，同时还建有带14座塔楼的防御城墙。

堡的主楼在设计上还有一个共同特点：三楼的入口可通过为门楼提供严密防卫的前沿建筑延伸而出的楼梯进入。

多佛尔城堡的前沿建筑十分宏伟，是国王举行欢迎和欢送仪式的地方。历史学家约翰·吉林厄姆认为，亨利二世在多佛尔城堡建造的这座主楼不仅是王室权威的体现，也是招待从法国北部来到英格兰、途经多佛尔前往坎特伯雷圣托马斯·贝克特圣祠拜谒的王室成员和贵族的适宜场所。例如，法兰德斯的菲利普伯爵和法王路易七世分别在1177年和1179年前往坎特伯雷，其间都和亨利二世进行了会晤。也许正是这几次会面让国王产生了在多佛尔城堡修筑主楼用以将来招待访客的想法。

当然，我们必须注意到，虽然贝克特曾是亨利二世的重要盟友，但后来却在王权和教权的冲突中成为国王的眼中钉、肉中刺。贝克特最终几乎可以肯定是在亨利二世的授意下于1170年12月29日在坎特伯雷大教堂被杀。但后来亨利二世仍于1174年前往坎特伯雷朝圣，并与和他反目的继任主教讲和。多佛尔城堡主楼三楼一间纪念贝克特的美丽礼拜堂可充分反映这段历史。

亨利二世在多佛尔城堡的建设上不遗余力。从1179—1180年的财政年度到1189年其统治结束，他共花费了5991英镑，比他在领土上其他城堡的花费都要多。实际上，这笔钱几乎占他在英国修建的数个城堡的总开销（9263英镑）的三分之二。

搬运建材

在施工季，每天需要在盖德隆的城堡工地内来回搬运大量建筑材料。大多数建材用马车运输，拉车的马匹必须性格沉稳且受过训练，要能够对车夫的指令有所回应，并可在狭窄的空间内穿行。有时工人也会用手推车搬运零星石块，用手提篮筐搬运少量的石块、灰浆和石灰。

上图：车夫驾马将翻斗两轮车拉到适当位置，将碎石倒出供筑墙的石匠使用。训练一匹马胜任此类工作需要花费近两年的时间。

上图：两名石匠将一块料石置于手推车上，然后推车将其运送到城墙墙根。

右图：石匠使用倾斜的木板和圆木滚轴将沉重的石梁推至最终的位置。

上图：木材和长木梁可以用杆式马车拖动。此处木匠已经运来了一根系梁，准备将其吊升至城墙上方。

右图：小型货物可以直接徒手搬运，也可使用制篮工人在作坊里编制的四柄柳条篮子来搬运小块碎石、灰浆和石灰。石灰的腐蚀性很强，所以需要经常更换篮子。

第 5 章 主楼

圆形和多边形塔式主楼

塔式主楼除了建成方形或矩形，还会建造成更为美观的圆柱形，例如：曾在法国宏伟一时的库西城堡主楼，由威廉·马歇尔在彭布罗克城堡建造的巨大圆形主楼，以及盖德隆城堡的巨塔。其他如奥福德城堡和科尼斯伯勒城堡本建有圆形主楼，因增筑扶壁塔楼而变成多边形。

威廉·马歇尔自1199年获封伯爵头衔到1219年去世，其间在彭布罗克城堡内建造了英格兰和威尔士境内最早的圆柱形主楼。主楼设于一柱基之上，高24米，直径16米。其入口位于二楼，可经石阶进入，楼内还设一道连通上下四层的螺旋形楼梯。主楼顶层保留有原用于支撑木制战斗平台的架眼。顶层之上本为圆顶，原有第二层城垛，可供士兵们从中俯瞰下方木制围板上的战斗情况。

库西城堡的圆柱形塔式主楼已在第一次世界大战期间被炸毁，因此我们如今无缘得见。但根据历史文献记载的尺寸和形制，它可以说是有史以来规模最大的圆柱形塔式主楼。它的直径超过30米，一层墙基处厚7.5米，墙面高约55米，

上图：位于萨福克郡的奥福德城堡建于1165—1173年，其中央的圆形主楼高27米，附设两座相连的矩形角楼和一栋矩形前楼。这座非凡的建筑可能是工程师艾尔诺特的杰作。

下图：威廉·马歇尔在彭布罗克城堡建造的圆柱形主楼颇为壮观，直径达16米。请注意顶部墙面曾用于支撑木制围板的架眼。主楼上曾覆以圆顶。（Cadw供图）

下图：库西城堡主楼或许是有史以来最为巨大的圆柱形塔式主楼。这个直径30米的圆形主楼共分三层，每层各有一间宽敞房室。它毁于第一次世界大战。

右图：宏伟的圆柱形巨塔矗立于盖德隆城堡中庭东北角，其作用是在发生袭击时监视、示警并在遭受攻击时充当最后的庇护所。巨塔三楼也设有精美的居室。请注意巨塔的斜坡式基座。

四周有围墙和壕沟环绕，是库西的领主昂盖朗三世于1225年前后下令建造的一座圆柱形主楼。主楼内部共三层，顶部皆设华丽的肋拱。盖德隆城堡也采用了类似的设计，在巨塔的领主卧室内修筑了极为精美的交叉肋拱。

每层楼皆设有一间宽敞房室。此外，一楼还设有水井、壁炉、厕坑和通往上方楼层的螺旋楼梯。二楼也设有壁炉、厕坑及一扇后门，经由此门可通往环绕壕沟的城墙顶部走道。三楼设有一间大型房室、墙内廊道以及位于主要房室上方约3米的嵌入式木结构露台。

盖德隆城堡的圆形主楼

盖德隆城堡的设计理念源自腓力二世在法国的布尔日、希农、杜尔当、日索尔、鲁昂等地的城堡中以及巴黎的卢浮宫内建造的一系列圆形主楼。盖德隆巨塔有类似上述城堡和库西城堡的圆形主楼一样的圆形平面，可经一扇沉重的木门从中庭进入。巨塔的地窖内设一个蓄水池，一楼设射击廊道，弓箭手和弩兵可以透过箭眼将箭镞射向周围的林地。墙内的螺旋楼梯可通向二楼的领主卧室，由此可再通往三楼带靠窗座席的八角形房间。建筑完工之后，塔顶将安装防御用的木围板。

石匠大师弗洛里安·雷努奇和他手下的石匠与木匠团队在盖德隆城堡取得的重要成果之一是在巨塔的领主卧室中设计、雕刻、建造和装配了交叉肋拱。它由6条石灰石拱肋组成，高7米，宽7米，使用了100立方

上图：建造盖德隆巨塔二楼领主卧室中的交叉肋拱。卧室的墙壁已砌筑完毕，梁托和拱顶基石也已固定完毕。

上图：木匠已将木制拱鹰架设置好，用以在安装过程中支撑拱石，拱鹰架四周也搭建好了工作平台。

上图：石匠和马车夫合力将易碎的拱顶石从石匠铺中运出，将其吊升至塔顶后小心地放置在拱鹰架顶部。

上图：石匠将拱石同时放置于拱鹰架的每条支架上，砌造出拱顶的各条拱肋。尚余顶端的拱石还未插入。

米的石块和砂浆，是城堡中最宽、最高且最精美的穹顶。拱顶中央的拱顶石上雕刻的植物图案是弗洛里安·雷努奇选择的，仿造了杜尔当城堡一块拱顶石上的雕刻。

建造交叉肋拱

建造领主卧室及其中的交叉肋拱时，石匠修整了护面墙的砂岩砖块，雕刻了梁托（突出的承重石块）和84块拱石（搭建拱肋的楔形砖块）。然后，他们建造了六根弧形拱棱，即拱肋之间的拱帆向下与墙壁相交处的肋拱。此处墙壁厚度为2.73米。墙体必须非常坚固以支撑拱顶的重量，因此需要使用大量的砂浆和碎石砌筑。石匠使用安装在相邻幕墙上的双轮踏车将石块吊升到巨塔高层的施工位置。为了保证石料的供应，他们每天需要使用12次踏车。

在建造拱券时，一般最后才将拱顶石砌入顶部；但在建造肋拱时情况恰恰相反，拱顶石是第一块被砌入的石块。在盖德隆城堡，木匠以高超的技巧小心搭好木制拱鹰架（一个用于支撑拱券或拱顶的木制框架），再将拱顶石砌于顶部。精致的拱顶石需要至少一个月的时间雕刻，安装到位后则会成为依照拱鹰架砌筑拱肋的重要参考。

为了制造在修建拱顶的过程中起到支撑作用的拱鹰架，木匠改装了早先在巨塔底楼房间建造肋拱时使用的拱鹰架。这个拱鹰架在当初

上图：石匠已小心地将拱顶下方支撑用的木制拱鹰架向下移走。拱顶纹丝不动，足以证明拱肋已有承托的能力。现在，石匠正在用碎石和砂浆砌造拱帆。

上图：在二楼领主卧室内可见头顶已然完工的精致交叉肋拱，此即石匠大师弗洛里安·雷努奇及其团队的巨大成就。

上图：巨塔内领主卧室的靠窗座席。靠窗座席使城堡居民可以在阅读或刺绣时充分利用光线。

使用完毕后已被拆解并存放于木匠作坊中。为了砌筑这个交叉肋拱，木匠在作坊中重新将其组装并加大，使其适用于领主的卧室。

为了安装它，木匠会将拱鹰架拆解开来，将各个部件吊升到塔上的指定安装部位再进行拼装。他们在领主的卧室内搭建了一个由垂直木杆和支撑横木的斜向支架组成的脚架来支撑拱鹰架。交叉肋拱由六条拱肋组成，每条要承受约25吨的载荷。在每条拱肋的底部的是拱顶基石，由拱脚石、逆拱脚石和最底部的两块拱石组成。拱脚石比拱石长得多，深深地嵌入碎石墙心中，有助于将载荷传递到墙体。拱顶石和拱石上刻有沟槽，填满砂浆后有助于石块的黏合，可避免石块向侧面移动，从而使拱券更加牢固。

移动、吊升和放置拱顶石是一项令人头疼的工作。拱顶石上耗费数周精心雕刻的花卉图案非常脆弱，一旦敲到就非常容易损坏。整个团队共同努力，将石料从石匠铺中运出，用踏车将其吊起并极为小心地放置在拱鹰架的顶部，作为石匠砌筑肋拱石的参照物。在将拱顶石和拱石依照拱鹰架安装完毕后，石匠会小心地移走拱鹰架六条支架底部的木楔，将拱鹰架下移。

修建墙内楼梯

在建造拱顶的同时，另一组石匠正在修建墙内楼梯。该楼梯设于厚墙之中，通往巨

左图：拱脚石（底部）的长度大于拱石（顶部）。石上刻有将被填充砂浆的沟槽以固定石块。

右图：巨塔中的墙中楼梯。用石灰水刷白后的墙壁增加了光源的反射，提高了楼梯的能见度。

塔的三层，上方亦有拱顶。这些墙中的楼梯和通道刚造好时可能非常黑暗压抑，但用石灰水刷白后会变得明亮许多。这项工作只用耗费几个小时即可完成，粉刷前后的对比相当惊人。

修建八边形房间

完成领主卧室中的交叉肋拱后，石匠开始在巨塔的三层修筑八边形的房间。这间房位于领主卧室的交叉肋拱上方。为了保证建筑材料的供应，工人将双轮踏车安装在巨塔顶层——该处距离干涸壕沟的底部至少16米。他们还完成了墙内楼梯和通往八边形房间的拱廊。八边形房间内则计划砌造一个体积适当的壁炉和两扇带靠窗座席的窗户。

多边形轮廓

负责科尼斯伯勒城堡圆柱形塔式主楼建造的石匠大师将圆形主楼这种基本设计进行了大幅度修改，在其外围增设了六座半多边形的角楼。这座城堡是亨利二世同父异母的私生子哥哥哈梅林在1164年与伊莎贝拉成婚后于1165—1190年建造的。伊莎贝拉是建造刘易斯城堡的诺曼贵族威廉·德瓦伦的孙女兼继承人。主楼直径19米、高28米，其墙壁厚4.5米。六座角楼整体皆为实心的

下图：从科尼斯伯勒城堡的多边形主楼各层的平面图上可以看到：从二层的入口、屋顶到有城垛的城墙走道等各个建筑的细部。请注意墙壁内的楼梯。

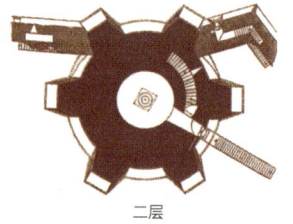

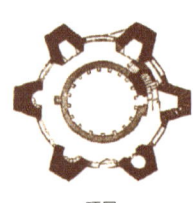

二层　　　　　三层　　　　　四层　　　　　顶层

石砌建筑，仅在其中一座的三层设有一间六边形、带穹顶的礼拜堂。主楼顶部设有面包房和两个蓄水池，还有一个掩体和两个瞭望岗哨，用以在遭到围攻时进行防守。

科尼斯伯勒城堡内设两座堡场，外堡场长宽分别为79米和37米，经一座吊桥与内堡场相连；内堡场面积更大，长宽分别为88米和62米，主楼即建于内堡场的东北侧。军事史学家和考古学家虽对其独特的设计赞赏有加，但同时也指出：坚固的扶壁结构在防御方面作用不大，不仅容易遭到破坏，也没有箭眼供弩兵和长弓手放箭狙敌。

当约翰王于1201年访问科尼斯伯勒城堡时，这座多边形主楼已然完工。当时，主楼的一层作为地下室使用，进出得通过二楼。与盖德隆巨塔一样，该主楼较高的二层和三层均设有领主卧室和带靠窗座席的大窗（窗子高1.42米、宽56厘米）。在14世纪时，城堡领主与国王发生了纷争，国王爱德华二世于1322年到访并占领该城堡，继而花费了大量资金修复科尼斯伯勒城堡和附近的庞蒂弗拉克特城堡内的建筑。

上图：盖德隆巨塔的墙壁必须足以支撑石砌拱顶的推力。由于需要承受的重量随楼层渐高而逐渐变小，因此墙壁的厚度也逐层减少。

萨福克郡奥福德城堡主楼的建成年代与科尼斯伯勒城堡主楼相近。奥福德城堡于1165—1173年为亨利二世建造，采用了类似的圆形主楼附带角楼的结构。但与之不同的是，其附带建筑为两座矩形角楼和一栋矩形前沿建筑。主楼高27米，三楼包括穹顶大礼堂、私人卧室和厨房，可能专供国王使用；二层设置了形制类似但稍显简朴、可通过楼梯进入的房间；前沿建筑的较高楼层内设置了礼拜堂。和科尼斯伯勒城堡主楼一样，奥福德城堡在防御上也颇为薄弱：其矩形角楼是防御上的盲区，而转角处的房间和楼梯也使它变得脆弱易攻。一些学者认为，这座城堡的设计是一种政治象征，意在彰显王权。

左图：风景优美的科尼斯伯勒城堡给19世纪作家沃尔特·斯科特爵士留下了深刻印象，故其将它设定为所著小说《艾凡赫》的背景。

6

私人房间和起居用房

城堡的日常生活往往以大礼堂为核心，城堡居民可能都居住在其内或周围。但是有些门楼、主楼和其他区域也会设有供访客、随从和家眷居住的房间。在盖德隆城堡门楼对面的庭院后部的北区内，有一间装饰精美、通向宏伟大礼堂的前厅。位于盖德隆城堡四边形总平面上的角塔和中庭东北角的巨塔中也设置了房间。

私人房间和客房

大礼堂外的起居用房包括领主及其家眷的卧室、总管的卧室以及供贵客使用的客房。城堡中通常还设有供领主的妻子和她的侍女们使用的私人房间,房内可能饰有花卉和动物图案,配有可以俯瞰幽静花园的靠窗座席。

为贵族和皇室访客提供设施齐全的住所是权力和地位的体现。在14世纪的沃里克城堡中,客房设在门楼两侧气势恢宏、设有堞口的恺撒塔和盖伊塔中,可以从中将周边景色尽收眼底。此外,国王亨利二世也乐于在多佛尔城堡上投入大量金钱,为迎接和招待皇家和贵族访客修建宽敞的屋室。

下图:沃里克城堡雄伟的恺撒塔建于1350年前后,每层楼的房间皆有石砌拱顶。请注意塔顶设置的堞眼和两层防护矮墙。

上图:从怀伊河望向对岸悬崖上的切普斯托城堡。这座城堡为控制渡口而建,最初被称为Striguil,即威尔士语中的"河弯"。

切普斯托城堡

在威尔士的切普斯托城堡,罗杰·毕格德的石匠大师拉尔夫·戈根于1278—1285年在下层堡场北侧为领主及其家眷建造了精美的住宅,为1285年12月国王爱德华一世的到访做好了准备。这些住宅被称为"格洛耶特"(Gloriette)。罗杰·毕格德还于1287—1293年在下层堡场的东南角建造了马滕塔。

占据下层堡场整个北部的住宅区设有两处位于一楼的大礼堂。所有住宅以这两处重要的大礼堂为中心,靠西侧的大礼堂较东侧礼堂体量更大,也更宏伟。每个大礼堂都设有专属的食物和酒类储藏室以及私人房间。

因为地面向东倾斜得非常厉害，所以东侧礼堂的储藏室和配餐室虽然直接与其相连，但位置上却处于西侧礼堂的下方。住宅区内不设厨房，厨房设置于堡场内的其他地方，可能为独立建筑，也可能倚靠幕墙而建。

住宅的墙面铺有紫色砂石，窗洞和门洞顶部皆砌为尖拱。西侧较大的礼堂精美异常，长18米，宽9米，遗留的残迹表明其处曾开有两扇面向中庭、雕刻有精美花卉装饰的大窗户。下层堡场的门楼与一栋三层石砌楼房相连，可经住宅东侧大礼堂的门道进入。

上图：切普斯托城堡下层堡场内马滕塔的室内场景。这座塔以亨利·马滕的名字命名。他是签署了英王查理一世的死刑令的律师，在君主制恢复后被囚禁于此。（Alamy供图）

右图：切普斯托城堡下层堡场的住宅区。塔状部分是通往罗杰·毕格德大礼堂的门廊。（Cadw供图）

下图：切普斯托城堡的下层堡场里较大的罗杰·毕格德礼堂内部有一木制楼梯通向伯爵的寝室。请注意门道上的尖拱。（Cadw供图）

左图：卢瓦尔河谷的朗热城堡内一间华丽多彩的私人房间，其内有巨大壁炉、木制床架以及美丽的地面和墙面装饰，让人得以一窥中世纪城堡中私人房间的样貌。安茹伯爵于10世纪建造的石砌主楼仍然屹立于旧址之上。（Getty供图）

这栋楼房里的底层单设了一间房（可能是卫兵室），经门道与门楼中的监狱相连。

上方的两个楼层都有一间精致的卧室，每间卧室都设有开口于悬崖一侧的厕坑，以及两扇分开于南墙和北墙上的窗户。住宅内部没有设置楼梯，二、三层的房间需要通过外部的木制楼梯进入：二层可由中庭进入，三层由小礼堂的外部平台进入。

马歇尔塔

切普斯托城堡上层堡场西南角的塔楼虽然很可惜地已损毁大半，但从遗迹仍可推知

教育与期望

城堡内的孩童在十岁以前的大部分时间里受教于牧师，上完课后可以自由地与领主夫人及其侍女们在私人房间里安然度过时光，远离城堡生活的喧嚣。然而，到八九岁的时候，男孩通常会被送往另一座城堡或贵族府邸担任骑士侍从并接受训练，为最终成为骑士做准备。女孩在年仅八岁甚至九至十岁时通常已经订婚，并会在十四岁之前完婚。其间，她们也会被送往其他贵族家庭学习符合所处阶级的言行举止，并接受操持家庭、烹饪、缝纫、刺绣和编织等方面的训练。

上图：这幅15世纪的法国细密画描绘了一名骑士在一间华丽舒适的房间里拜见一位贵族女性。（Getty供图）

那里曾有一个房间，可能供伯爵夫人和她的侍女居住。这座塔楼现称马歇尔塔，由威廉·马歇尔于13世纪初期建造，且必然于1219年他去世之前完工。这间偌大的房室长11米，宽5.8米，可经中庭内的木制楼梯进入。房内开有四扇窗户，两扇朝西，两扇朝南。由于它们均朝向城堡外侧，易遭攻击，因此外侧开口均开得很小，但在内侧却都设有靠窗座席。窗户周围留有一些精美的装饰线条的残迹，墙壁上还留有一些带红漆的灰浆痕迹。其他城堡也设有私人廊道、回廊式走道和花园专供伯爵夫人和她的侍女使用。

在这样的房间里，领主夫人、女眷和侍女可以做刺绣、讲故事，分享城堡内的流言蜚语。城堡内的孩童在牧师处完成一天的学业后，也会到房内与她们共度时光。这可能是一处用来摆脱城堡生活喧嚣，能够让人安静沉思的地方。从房内可俯瞰花园、鹿苑或水池（如凯尼尔沃思城堡内即有一处水池），墙壁上还绘有动植物相关的自然景观。这种房间通常装饰得色彩缤纷、异常精美，只是由于很多中世纪城堡如今化为了裸露的石块，这些房间的过去种种也为人所遗忘。

装饰盖德隆城堡

盖德隆城堡的施工团队接受挑战，试图重现这种中世纪城堡居民可能会喜欢的墙壁彩绘。在盖德隆北楼大礼堂的前厅，工匠用现场找到的赭石和赤铁矿制成的颜料在预先整备好的墙壁上绘制壁画。这些壁画的图案经过仔细研究，参考了莫斯城堡（勃艮第）、阿吕耶城堡（厄尔和卢瓦尔）以及附近穆捷的圣皮埃尔教堂内13世纪的壁画设计而成。盖德隆城堡的画师没有选择动物或人物图案，而专注于抽象图案和花卉图案。

他们还采用了一种叫作"石头与玫瑰"的装饰风格，即在墙壁上粉刷饰有一朵朵小

右图：在"色彩之屋"里，艺术家用自行调制的矿物颜料装饰墙壁。若游客在城堡内走动，就会很快发现：盖德隆城堡最主要的颜色是以当地土壤为原料制成的金赭石色。

玫瑰的砖石图案。这是13世纪中叶最常见的室内装饰图样。切普斯托城堡马歇尔塔的室内也采用了类似设计，但以太阳纹装饰代替了玫瑰。通常在白色背景上画红线作为装饰，使墙面看起来像是砌好的砖墙，称为"仿砖墙风格"。在威尔士彭布罗克郡马诺比尔城堡的礼拜堂中，彩绘的方砖纹中就加入了玫瑰花环的图案，与附近兰菲地区的主教宫风格类似。位于威尔士格拉摩根河谷的伊文尼修道院采用了复杂而美丽的装饰图案。画师用红线画出方砖的图案，然后交替绘制花朵和五瓣花饰装饰这些"方砖"。在隐修院和修道院中绘制壁画的流动工匠和在城堡中工作的是同一批人，并且采用相同的手法和设计。我们了解到，威尔士众城堡中有一位画师史蒂芬在1283年爱德华一世下榻于里兹兰城堡前为其中一间房间绘制了壁画图案。在伊文尼修道院，画师们还在墙上描绘了一些诸如"壁柱"之类的建筑构元素图案。

在绘制壁画图案之前，画师首先在墙上涂抹底灰，用石灰水刷白，然后由画师或石匠大师将沾满彩色粉笔灰的绳子拉直，在墙上画出格线。当绳子"弯折"撞到墙面，就会留下一道彩色的直线供画师作画

用矿物制作颜料

颜料作坊"色彩之屋"位于盖德隆城堡东门楼以东约250米处。作坊里的女工使用植物染料为布匹和羊毛染色，同时使用矿物原料调配出各种颜料。

女工们使用在城堡所在地大量发现的黏土、石头和赭色泥土调配出了12种颜色。例如，可以加热黄赭石使其变红，制成焦红的赭色颜料。黏土可以用来调制杏色，加热后则可变成粉杏色。砂石可制成橙色颜料而赤铁矿可制成深红色颜料。在烧制炭火的地方，女工们将炭灰收集起来从而制成深灰和黑色颜料，将炭灰与石灰混合则可制出蓝灰色颜料。泥土本身也可以加工成用于调配颜料的原料：先在泥土中加水清洗，静置片刻，待较重的颗粒沉到底部后分离出含有较细颗粒的溶液；再将这些溶液静置一旁，待其自然蒸发后留下有用的原料。

下图：黄赭石和焦红赭石粉末。将这些矿物粉末与水混合，可制成用于装饰城堡的颜料。矿物研磨得越细，得到的颜料质量越好。

下图：前厅经抹灰和刷白的墙面装饰着抽象的花卉图案。这些图案参照附近穆捷的教堂壁画图案设计而成。

上图：拉罗克-托瓦拉克城堡的天花板上装饰以花卉图案。这座城堡位于法国西南部中心区洛特河边的悬崖上，初建于13世纪，重建于15世纪。（Getty供图）

时参考。随后，画师要么在墙面上划出浅痕，要么在格线上画一条更粗的粉笔线，然后开始作画。

在盖德隆城堡，负责装饰墙面的团队在墙壁先后涂了打底的灰泥层和石灰腻子层，使墙壁变得完全平整。但在对中世纪墙壁进行仔细研究后发现，中世纪的画师通常只在石墙上涂一层厚厚的石灰腻子，墙面通常会略有起伏。盖德隆的画师也因此相应地调整了他们的做法。随后，团队用石灰水将墙壁粉刷成可以作画的白底，供画师下笔绘制装饰图案和饰带的轮廓线。

窗户和靠窗座席

卧室如能设置面向城堡内部、部分嵌有玻璃的大窗，并能因此获得充足的光线，

下图：北楼较高楼层的四扇窗户都采用了相同的尖拱顶加双格竖框的设计，十分美观。窗口正对中庭，面积够大，可让充足的光线进入大礼堂。

中世纪工艺：装饰墙面

盖德隆城堡工地的画师煞费苦心，在城堡内的墙面上绘制了逼真的装饰图案。在开始绘制北楼大礼堂前厅的壁画之前，他们在艺术史学家和壁画专家朱丽叶·罗利耶以及古迹画师玛丽-波勒·迪布瓦的帮助下进行了仔细的试验。所用的颜料是用当地发现的矿物原料与当地的水混合后手工调制而成的。城堡建设团队认真研究了现存壁画——尤其是位于穆捷的圣皮埃尔教堂壁画，在其基础上设计了礼堂前厅的装饰图样，并将绘制过程中开发的技术应用于盖德隆城堡的其他场所。

1. 这种迷人的橙红色矿物原料是将黏土层和采石场中的赭石用杵子和研钵手工磨碎后得来的。中世纪的壁画通常使用本地原料制成的颜料，因此"色彩之屋"在制作颜料时也仅使用了盖德隆本地的原料。

2. 画师首先用抹子在墙壁上涂一层以石灰膏和采石场砂石混合而成的石灰腻子，背景中的墙面已用石灰水刷白。有很多证据表明：中世纪城堡的室内墙面和外部墙体上均涂有石灰腻子。

3. 画师在墙上试画颜色和图案。数字1和数字2下方的颜色代表了绘制过程中的不同阶段。图中enduit chaud plus sable意为"石灰腻子加砂"，badigeon blanc de chaux意为"石灰水刷白"。白色的墙面是用颜料作画的底面。

4. 经过试验后，画师于2012年夏季开始绘制前厅的壁画。墙面上部绘有"石头与玫瑰"风格的图案，状似小朵玫瑰装饰的砖石墙面。这是13世纪中叶流行的室内装饰图案。

上图:大礼堂西侧山墙上的窗户的顶部带有四叶形装饰。窗户朝向仍在建造中的礼拜堂塔。

上图:大礼堂南檐下的墙面设有带圆拱顶的双格窗和靠窗座席。透过这扇窗,可以俯瞰门楼和中庭。

就会增加不少舒适度。比例适宜的窗户不仅能给精美的建筑增加一抹亮色,本身也是城堡主人地位的象征。盖德隆北楼的南立面上设置了四扇用石灰石砌筑而成的双格窗,西侧山墙上则有一扇刻有四叶形装饰的窗户。就像切普斯托城堡内领主夫人的寝室一般,每扇窗户都设有石砌的靠窗座席,以便她们在刺绣或阅读时尽可能多地利用自然光线。

盖德隆城堡的石匠大师在设计窗户时,必须遵循腓力二世创设的形制,建造与其他建于1230—1240年的城堡一样的外墙。他选择参考法国瓦兹省克雷皮昂瓦卢瓦的城堡,设计了带三叶草装饰、上方为尖拱的双格窗。石匠大师在现场绘制窗户的草图,然后根据情况调整为适合盖德隆城堡的尺寸。窗户的石材选用了当地开采的坚硬的栋济石灰石,正适宜与砌筑城堡所用的砂岩配合使用,也不会发生可能损坏建筑结构的化学变化。雕石匠很快便能熟练处理这种与众不同的石材。

砌筑这些窗户时,雕石匠先在石匠铺中修整好石材,将所有构件试组,确保在运输到安装地点前不必再进行调整。

建造技术：砌筑双格窗

在13世纪的城堡中，窗户的风格和数量与室内装饰的美感和色彩一样，都是领主身份地位的体现。石匠大师弗洛里安·雷努奇对法国瓦兹省克雷皮昂瓦卢瓦的城堡进行了认真研究和深入了解，以确保北楼的四扇窗户和外立面都符合13世纪城堡的特征。如果访客进入城堡后看向中庭对侧或墙外，就能看到北楼石墙上用当地开采的石灰石砌筑而成的格外美观的窗户。四扇窗户中的三扇朝向大礼堂，而第四扇朝向饰有壁画的相邻房间。

1. 在砌筑窗户前，石匠在城堡中庭内对打磨好的石材以不用砂浆的"干砌"法进行试装，然后再小心地拆解下来，逐块运送到北楼较高楼层的安装点。

2. 大礼堂的窗户设有靠窗座席，可供人们舒适地坐于窗边眺望庭院或充分享用自然光线。在此工程阶段，构成窗边座席的石块皆已砌筑就位。石匠正在核查石块是否水平。

3. 石匠在檐下墙面的双格窗周围筑墙，仅剩最后几块拱石有待砌筑于拱券上方。石灰石亮白的颜色会随着时间的流逝变得柔和。

4. 北楼上已砌筑好五扇两格窗，此为其中之一。在盖德隆这样的城堡中，窗户是否安装玻璃、木制百叶窗或在木制框架上粘贴过油的羊皮纸，都仍待考量。

室内的宜居设施

除了带有遮风挡雨的屋顶、能抵御敌军的侵害,最舒适的贵族居所还配备了厕坑,有些甚至装有供水设备。一些房间还配备了供暖的专用壁炉和墙上的烛台架,将温暖和明亮带入原本寒冷、阴暗的房间。

中世纪时,在建筑中安装供水设备是一种奢侈的体验,但石匠大师有各种巧妙的方法来设置这种备受追捧的便利设施,供水管线的设置远比现代人想象的更为普遍。例如,康沃尔郡的雷斯托梅尔城堡所设的管道将当地的泉水输送到壳式主楼的房间中。该壳式主楼是12—13世纪由卡迪纳姆的罗伯特在原有的高地-堡场式城堡的基础上改建的。其他设有供水管道的城堡包括泰恩河畔纽卡斯尔和多佛尔两地的城堡。两座城堡皆由亨利二世的石匠大师工程师莫里斯设计,都将水从延伸的井筒抽到第三层后通过重力输送到各个房间。

水井和蓄水池

在大多数情况下,城堡的主要水源来自水井。将水井设置在最适当的位置(多半在厨房旁边)是城堡规划的关键之一。在工程早期阶段,挖掘工和土建专家就会着手挖掘水井,必要时用石头衬砌井筒的侧壁以防止坍塌。如果是在岩石中开井就不必在井壁铺砌石块,但井筒上端通常还是会用石块铺砌,例如罗切斯特城堡18米深凿岩井的上半部分就是以石块衬砌的。

盖德隆庭院里的水井深7米,顶部有一块长1.75米、厚22厘米、重1.5吨的边缘石。

上图:图为礼拜堂塔地下室蓄水池的池眼。蓄水池深3米,上方为穹顶,其储水功能具有重要的战略意义。

左图:水井并非一定会设在厨房旁边。威尔士哈莱克城堡内的水井设置于北侧内幕墙中,旁边的建筑物本是面包房。(Cadw供图)

一名石匠在采石场发现此石块后告知了石匠大师，再由众石匠从一块很大的毫无裂隙的砂岩床上费力凿下。

蓄水池或水箱也被用来收集和储存雨水以备后用，例如多佛尔和泰恩河畔纽卡斯尔两处城堡主楼的水井旁就造了蓄水池。也有一些城堡的蓄水池建在主楼屋顶上，如在奥福德城堡和科尼斯伯勒城堡；或是干脆成为塔楼结构的组成部分，比如卡那封城堡南幕墙内的蓄水池塔正因设有内侧以石块衬砌、用于收集雨水的蓄水池而得名。在盖德隆城堡内，施工团队建造了两个蓄水池，分别位于礼拜堂塔和巨塔中。礼拜堂塔地下室中的蓄水池深 3 米，上方穹顶的中心开有一个装有格栅的孔洞。

厕坑

厕坑又被称为"衣帽间"，源自法语单词 garderobe，原意指衣帽间或私人空间，后引申为用于如厕的厕坑（garderobe 一词也可用来表示小房间或橱柜）。厕坑通常砌筑于外墙，排泄物将直接排放到壕沟、护城河、大海甚至悬崖另一侧，建于 1176—1177 年的德比郡佩弗里尔城堡主楼的厕坑便是如此。有些城堡有不仅一个厕坑，例如建于 14 世纪后期的博迪亚姆城堡设有 28 个厕坑，将排泄物直接排入环绕城堡的护城河中。盖德隆城堡在北楼设有一个厕坑，下方正对干涸的壕沟。

厕坑的侧壁在用石灰水刷白后，厕坑的清洁感大大提高。当然，中世纪并没有卫生纸之类的用品，人们以一把干草或一片苔藓代之，用于清理。可以想见，外部壕沟必然臭气熏天。博迪亚姆城堡厕坑的排泄物就是直接排向护城河的，它相当于开放的下水道。最理想的选择是将厕坑设置在河水或小溪的上方，让流水带走排泄物和难闻的气味。

厕坑本身也可能臭不可耐，在炎热的天气里尤其如此。即使排泄物可借流水冲走，厕坑本身也难免肮脏不堪。这个问题严重到亨利三世因伦敦塔私人厕坑传出的刺鼻气味向城堡的总管抱怨"伦敦衣帽间里的厕坑位置不当，因此气味难闻"并要求新建一个厕坑，"哪怕它耗费一百英镑"。低级仆人要拎着水桶用铲子清理厕坑，甚至是下方的粪坑（如果有的话），实在是一件苦差。

改进方法是将厕坑砌筑成突出于城墙并以梁托支撑的竖井，从而产生更好的通风效果。有时，厕坑也会设置于两堵墙相接产生的夹角内，例如库西城堡的梁托式厕所就位于圆形塔楼和幕墙之间。在宗教团体的城堡中有多个厕坑集中于一栋建筑物的设计，条顿骑士团的城堡内就有此类厕坑塔，被条顿骑士称为"但斯克"（dansk）。康韦城堡内也建有类似公共厕所的建筑物，是一座设一组三个厕坑的单层塔楼。此外，在康韦的市镇城墙上筑有一组十二个以梁托支撑的厕坑，在 13 世纪时供皇室仆从使用。在同样位于威尔士的寇伊提城堡中，内堡场的厕坑塔设有三层厕坑，通过竖井将排泄物排入地下层。在 1350 年前后兴建于诺森伯兰郡的兰利城堡，四座角楼中的一座设有三层厕坑，皆位于拱券下方墙壁的内凹处，下方连有长竖井将排泄物排入地面的粪坑，再由溪水冲刷而走。

沐浴

沐浴会在一个木盆中进行，也许在私人

建造技术：装设厕坑

在 2008—2010 年的施工季中，盖德隆城堡建设团队在巨塔二楼的领主卧室内设计并砌筑了一个厕坑。该厕坑直通城堡东侧的壕沟。

1. 石匠在2008年5月砌筑领主卧室墙壁的过程中，预留了铺设厕坑的狭窄空间。厕坑将建于砂岩梁托之上，突出于巨塔的墙体表面。

2. 在一年后的2009年7月，厕坑两侧的墙体正在砌筑过程中。厕坑内的石制便座已安装完毕，以一块木板覆盖。由于厕坑的开口正对壕沟，厕内虽空间逼仄，但通风良好。

3. 突出的厕坑已砌筑完毕，石匠已将周围的脚手架移除。请注意下方支撑厕坑结构的砂岩托梁。

4. "衣帽间"于2010年6月完工。据说中世纪时衣物会被存放在厕坑附近，因为氨气有助于杀死织物中的螨虫。用石灰水刷白的墙面可以使房间更为明亮，亦有助于灭菌。

5. 完工后的厕坑。请注意斜坡顶上方分散荷载的减重拱。在厕坑的底部则有一个孔洞供排泄物直接落入下方的壕沟中。

左图：肯特郡的利兹城堡中浴室的复原样貌。中世纪时，国王、王后或其他贵族会坐在用白色帘幕围起的木盆中的椅子上，用仆人装在木桶里的热水以及木灰、苏打或动物脂肪制作的肥皂洗浴。利兹城堡是爱德华一世最喜爱的住所。

房间或礼堂内以帘子隔出的区域中。通常，浴盆里会放一个凳子供领主坐于其上。沐浴用水必须先从井中抽出，在厨房中加热后用木桶运至领主的住所。国王和最富有的贵族可能会用地中海地区进口的橄榄油制香皂，不然就用城堡里以木灰、苏打和动物脂肪制成的肥皂。然而，那时即使贵族也很少洗澡。据说，英格兰的约翰王每两到三周才洗一次澡。

照明和供暖

中世纪城堡取暖要借助明火，最早是在大礼堂用中央的炉膛生明火。烟雾通常会升至屋顶，经百叶窗排入空中。也有如沃克沃思城堡的主楼将烟道安装在窗户的射击孔中的设计。中世纪后期的石匠大师在设计内含居住设施的巨塔或大礼堂时开始尝试安装壁炉并在内设置可将烟雾导向烟囱的烟道。

盖德隆巨塔三楼的八边形房间和北楼大礼堂的前厅都设置了大小合宜的壁炉。有些壁炉配有挡板，便可设置于房间较内侧。壁炉里侧则砌成弯曲的形状，通常还会衬砌陶砖，以便将热量尽可能地辐射回房间。用陶砖衬砌是因为陶砖可以吸收热量后将其辐射回房内而不会开裂。

在一些情况下，石匠大师能够充分利用阳光作为天然热源。例如，科尼斯伯勒城堡中最好的房间就设置在可以沐浴清晨阳光的方位。

窗户自然提供了白天重要的光线来源，但到了晚上，往往会使用牛油或蜡制成的蜡烛，蜡烛一般会插在带尖刺的铁烛台中或固定于墙上的支架上。木头火炬或灯芯草蜡烛也被用作室内照明工具，后者通过将灯芯草扭成一束后浸入动物油脂中制成。

左图：盖德隆大礼堂内巨大的壁炉。室外明亮的阳光表明这是温暖的一天。可即使大礼堂没有完工，如果温度下降，壁炉中也会准备好柴火为室内供暖。一旦地板和墙壁装饰到位，设有壁炉和四扇窗户的礼堂空间将会成为一个令人印象深刻的主厅室。

右图：图中描绘的是14世纪作家克里斯蒂娜·德·皮桑向法国王后伊萨博献上手抄本的场景，可见该时期城堡房屋内多彩的装饰及墙上的鸢尾花图案。（Getty供图）

搭建盖德隆城堡北楼的屋顶

盖德隆城堡的北楼隔中庭与对侧门楼相望。这表明除了建筑的美观程度，领主能够为随从和访客提供的居住舒适度也十分重要。它的外观经过了精心的设计：白色石灰石砌筑的四扇双格窗与红褐色墙面、屋顶上发红的窑烧瓦片互为衬托。

北楼包含大礼堂和东侧有壁画装饰的前厅。搭建覆盖整个北楼的屋顶对石匠大师和木匠来说是一个巨大的挑战，主要在于中世纪城堡的遗存通常除了石墙上偶然留下的标记和插孔，几乎没有留存关于屋顶外观或超出建筑物山墙端部的结构的信息。例如，在伦敦塔的白塔和罗切斯特城堡的主楼上，我们可以看到两片屋顶——分隔主楼内部空间的横墙两侧各有一片。每片屋顶的高度约为 6 米，坡度约 45°，此外的一切均靠猜测。

盖德隆北楼屋顶的工程始于前厅上方搭设的九道桁架。前厅十分宽敞且墙面装饰有美丽的花卉图案。为了搭建桁架，木匠先在已经插入墙壁的横木上固定好板条，于椽子底部（墙壁顶端的位置）安装了临时平台。一旦最初九道桁架搭建完毕，工匠便能利用该临时平台存放屋顶所需的其余桁架。

然而，在继续搭建其余桁架之前，木匠

下图：2011年时北楼屋顶的面貌，当时新近施工完毕。屋面右侧的瓦片铺设时间较早，已然风化，而左侧的新瓦仍然维持着刚烧好的簇新外观。

右图：铺设大礼堂屋顶瓦片时从下方仰望北楼斜屋顶的全木结构时所见景象。桁架上下皆由光线照映时最为美丽。

先要在这九道桁架上铺上瓦片，共计需要至少 900 根橡木挂瓦条和约 6 000 块左右的瓦片。这些瓦片需要分三次烧成。

整个屋顶由 47 道桁架组成。前 33 道桁架都由木匠按照上述方法在椽子底部的临时平台上搭建而起，但最后 14 道桁架因被大礼堂西侧山墙所挡而没有足够的空间抬起，必须寻求新的解决方法。结果，工匠用踏车将这些桁架的零部件分别吊升至临时平台，重新组装成整条桁架后抬高，才得以与已经搭设好的桁架并列。

领头木匠尼古拉提出在西侧山墙上预留的孔洞中插入两根杆子，在杆子上搭出一条导轨，让木匠沿着该轨道推动最后几道桁架滑动到位。这是一个不同工种的施工团队（在这一情况下为石匠和木匠）如何在各自工头和负责统筹的石匠大师手下协同工作的案例。使用导轨不仅更容易将桁架推滑到位，同时也因不易倾覆而更加安全。坐在屋顶层的工人沿着导轨踢动桁架，用绳索引导其方向；在下方的木匠则使用长柄叉子辅助施工，从最西端的山墙开始小心地将桁架一道道地安装到位。

木匠的角色

盖德隆建设项目的木匠在门楼东南方约 200 米处有自己的作坊。在这里，他们用坚固的橡木板制造城堡的沉重木门、砌筑拱券时起支撑作用的拱鹰架以及支撑脚手架的横木。在工地上，他们负责随着工程位置的升高架设、安装或移动脚手架。在中世纪，木匠还要与铁匠合作打造、维护投石机等攻城武器。

在盖德隆城堡的北楼，木匠建造了由 47 道桁架组成的巨大屋顶架构。构成桁架的木材包括中柱、椽子和系梁，均在木匠作坊中制成并先行试装。一旦木匠确认桁架可以妥善拼装，便会将部件拆卸下来做好标记，再运送至北楼重新组装。

建造技术：安装铺设陶瓦的木制斜屋顶

从2008年到2011年，北楼耗费了三个施工季来搭建屋顶并铺设瓦片。屋顶木构的设计以沙特尔旧市政厅的屋顶木构为参考，是由47道带有弯曲角撑的桁架组成且铺设椽条的常见屋顶。主桁架由中柱和系梁组成，整个构架需要用到150根长13米的橡木条，皆是劈砍后移至描图地板上切割接头部分而成。盖德隆建设项目的木匠必须效法中世纪的建筑工人，边做边学，试验他们的中世纪同行在面对技术问题时的解决方法。

1.2008年，工人开始沿北楼东侧山墙搭建第一批屋顶桁架。前六道桁架已经安装到位，可以透过外围的脚手架看到正在临时平台上工作的工人。

2.北楼东侧前厅上方的屋顶是最早搭建完毕并铺设好瓦片的，其余屋顶结构仍有待安装。在2008年拍摄的这张照片中，可以看到窗户和周边的墙面已砌筑完成。

3.屋顶桁架和其他木材都在木匠作坊中制作并试装，然后拆解成零部件，逐一用踏车吊升至屋顶。图中可以看到木匠将桁架平放于屋顶进行组装，组装完毕后会吊升至最终的安装地点。

4.木匠团队在屋顶完成了一道屋顶桁架的组装。一人用大型螺旋钻钻孔，另一人将缠绕于脚手架上的绳索的一端系在桁架上，另一端则系在山墙顶端。

5.工匠重复同样的操作步骤将A字形桁架从靠近山墙的位置抬升起来。大部分工人撑起了A字形桁架，另外两名工人拉紧上方滑轮上的绳索，使A字形框架处于垂直位置。在两侧的两名工人要负责确保桁架的底部处于正确位置。

6.为了让桁架沿特制的导轨滑动到预设位置,工人要坐在屋顶上踢动桁架,使桁架沿导轨滑至屋顶的西侧山墙,而下方另有一组木匠协助引导其走向。

7.桁架滑动后,木匠就可以使用长柄叉子来协助引导。图中,木匠已将第一道桁架移至最终位置,并将桁架与墙板上对应的接头相连。

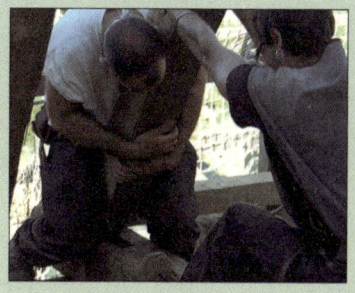

8.将椽子一端的榫头(突出部分)插入榫眼(梁柱的凹陷处)中。完成后,木匠会在两道桁架之间安装一块起到固定作用的临时木板。

9.木匠接着在每根椽子内侧装上弧形撑杆,之后检查每道桁架之间的距离。

10.前八道A字形框架已安装到位并覆盖以橡木挂瓦条。一批瓦片已吊升至屋顶,等待安装。

11.木匠倚靠在坚固的屋顶结构一侧,将橡木挂瓦条逐一钉在屋顶上。

12.铺瓦工将瓦片铺设到挂瓦条上。瓦片多数互相重叠,防止雨水渗入下方的房间。所有瓦片都是在距离城堡仅几百米外盖德隆工艺村的窑炉中手工制作并烧制的。

13.2011年4月,铺瓦工在北楼的北侧屋顶上铺设瓦片。可以看到工人身旁有待安装的一摞摞瓦片。图中左侧带屋顶的建筑原为石匠铺。

7

大礼堂

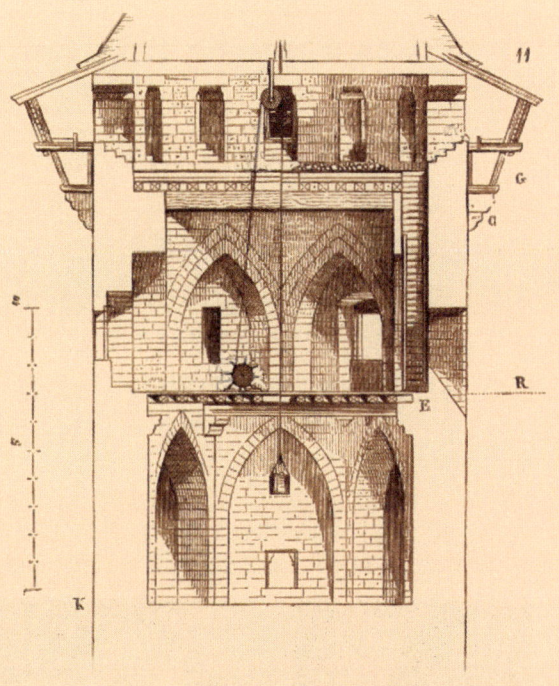

　　如同整座城堡一样，大礼堂是封建权力的大胆表态。大礼堂的规模和建筑特征，包括窗户的数量以及装饰的复杂和丰富程度，无一不体现了城堡主人的财富和重要地位。在盖德隆城堡，大礼堂占据了北楼较高楼层的主要空间，与入口门道隔中庭相望。

城堡生活的核心

在中世纪早期的城堡中,城堡居民都以大礼堂为核心生活,那里是包括领主及其家眷在内所有人用餐和就寝的地方。后来,城堡内修建了不同级别的居所,为领主、他的家眷以及其他贵族访客提供了有别于他人的私密空间。虽然不同等级的居民有所分隔,但大礼堂仍然是城堡生活的重心——一处就餐、招待访客、裁决法律事务和管理领地财产的场所。

大礼堂给人的感染力不仅在于其规模,还在于置身在其中的体验。在大礼堂内或许可以沐浴于从大窗户射入的阳光下,看着中央开放式炉膛里炉火燃出的烟气升至最高处的椽条——这样温饱无虞的安稳生活正是来自领主权力的庇护。领主和城堡的核心成员在高起平台上的餐桌边用餐,其他人则坐在礼堂内的长凳上用餐。领主从所在高处可以俯视所有人,每个人也都可以抬头仰望他。穿着制服的仆人为所有人上菜。制服也能够从视觉上彰显领主的权力。

用餐间隙,长凳会被收放至房间两侧,

下图:图为一场12世纪风格的宴会。多佛尔城堡塔式主楼的迎宾大礼堂已按亨利二世时期的样貌重修。亨利二世建造此楼的本意是为了体现王室的权力,因此建筑体量颇大且装饰华丽。(玛丽·埃文斯供图)

大礼堂一端的墙壁上装饰以华丽的壁画

大礼堂用于城堡的日常管理和宴请招待，白天会摆放搁板桌作为商业贸易和裁决法律事务的场所

由于在较低的楼层安装窗户会破坏建筑的整体防御性能，故而低层光线通常较为昏暗，常被用作储藏室

大窗设有靠窗座席，坐于其中可以欣赏到著名的福伊河谷美景

上图：雷斯托梅尔城堡壳式主楼中华丽大礼堂的内部复原图。它由康沃尔的埃德蒙于13世纪后期建造，是少数几座围绕中庭而建且设有供水管道的精美建筑之一。其两侧分别为厨房和另一个较小的礼堂。埃德蒙时期的城堡与其说是防御工事，不如说更像官殿。（Getty供图）

留出一个宽敞的开放空间。与领主就座高台相对的大礼堂另一端通常会摆放一个木制屏风，其后有一条通往附近备餐区域如厨房、食品储藏室和酒水储藏室的通道。

在中世纪早期，领主及其家眷会就寝于礼堂内高起平台的后方，该处通常以一块帘幕围起以保留一定私密性。城堡内其他居民通常睡在大礼堂内，可能是在长凳上或铺着灯芯草且有时撒有一些香草的地板上。后来，城堡中开始建设供领主及其家眷和贵宾使用的私人房间，其中有一种被称为屋顶房。屋顶房指位于两层式大礼堂二楼的房间，通常位于廊道后方。由此，领主夫妇可以俯视下方礼堂内进出、用餐和就寝的情况。

大礼堂的规模、建筑特征和装饰是封建权力的最好象征。装饰华丽的大礼堂随处可见，例如海丁厄姆城堡的大礼堂内建有欧洲最大的诺曼式拱门以及带装饰性雕刻的大窗户。类似的大窗也可见于切普斯托城堡内由罗杰·毕格德建造的住宅内较大的大礼

堂。这些装饰增加了建筑的庄严感。在墙壁上涂抹灰泥和装饰彩绘也很普遍，有些礼堂还会用红色的横竖线条模仿砖墙的效果，例如德文郡奥克汉普顿城堡以及另外一座由罗杰·毕格德在切普斯托城堡建造的马滕塔的大礼堂，内部皆有残存灰泥表明此种装饰的存在。

行政中心

在礼拜堂内做完弥撒后，城堡居民会到大礼堂吃早餐。餐后，仆人会将长椅移到一旁，留出宽阔大厅供领主及其管家处理城堡的大小事务，包括记录租金或其他款项、裁决地方上的纷争以及接待来访的贵族。管家（有时也称总管）会有一名书记或牧师协同，后者会起草文件、撰写行政记录并保管详细的账目。一些城堡内会有一名管家负责城堡内部事务的管理，另一名管家负责管理城堡以外的领地资产。在管家的手下另有司库负责大礼堂的物资供应和日常管理。

大礼堂入口处有传令官值守并控制访客进出。领主的权力一方面就体现在他不可被随意接近的特点。这一建筑设施在平日里保证了领主的隐私，在战时又提供了安全保障。以轴心环形城堡为例，领主的居所位于城堡内最隐蔽安全的位置，确保了和平时期的私密性。在中世纪城堡中，只有贵族才能有这样奢侈的选择。

大礼堂中也会举行各种仪式，包括骑士向领主宣誓或社会地位较低的人获得徽章、制服或赏赐的仪式。领主可能也会在此裁决地方纠纷或颁布准予许可，例如同意麾下的佃户骑士将其财产传与其子。

司库总管的作用

司库总管负责管理领主的家庭事务，他的职责之一是负责大礼堂的物资供应和事务管理。司库（Chamberlain）一词源于其管理国王或领主的内室（chamber）的职务范畴，他能够决定访客是否能与国王或领主会面。在王室中，国王的司库总管往往由高级贵族担任，到后期，这一职位演化为一种荣誉头衔。（Getty 供图）

娱乐活动

大礼堂的规模、装饰和氛围使其成为举办招待贵宾的宴会和娱乐活动的理想场所。城堡中召集许多骑士参加的马上比武大会往往伴随着丰盛的宴会、音乐演奏和诗歌朗诵。城堡的女主人有时会担任"比武女王"激发参赛者的骑士精神,为骑士裁决输赢、颁发奖品。城堡中还会专门为"比武女王"和她的侍女举办特别的宴会。

大礼堂也是盛大宴会的举办场所。穿着制服的仆人将精心装盘的菜品送到主桌上,在领主和围坐在其周围的家眷、亲密的骑士及盟友面前切分。主桌上的每个人都有专属的酒杯。在较矮桌子上用餐的人们用手直接抓取公用餐盘里的食物,放在一块变味的厚面包上充当自己的餐盘,他们还共用一个罐子喝啤酒或葡萄酒。

城堡的仆从包括:司膳总管,负责管理食品储藏室(pantry,源于法语单词pain,意为"面包");专管酒水饮品的男仆,负责管理存放葡萄酒和啤酒的酒水储藏室;厨师,负责指挥厨房里的一群帮厨。其他重要的家政人员还有负责管理领主衣

下图:画面前景描绘了骑士参加马上比武的场面,中部的宴会景象则展现了中世纪就餐的许多细节:穿着制服的仆人,领主身后手持权杖的司库总管。背景可见华丽的挂毯和昂贵的餐具。(Getty供图)

下图:一场为法国国王查理四世(1322—1328)举办的宴会。画面中部描绘了众人享用饕餮盛宴的场景,画面前景则呈现出城堡被刚下船的敌军围攻突袭时守卫奋勇抵抗的情状。(Getty供图)

上图：位于盖德隆城堡北楼的大礼堂为一场庆祝活动进行了装饰。阳光自一扇四叶形窗户照亮了摆放好长桌的礼堂。

贵的情感。法国南部的行游诗人与法国北部以及德国的行吟诗人各成一派，后两者分别称 trouvère 与 minnesanger。

除了作为诗歌和音乐的主题，骑士精神在艺术中也有所体现。许多城堡大礼堂的墙面装饰有描绘骑士故事场景的壁画。例如，已知塔姆沃思城堡的大礼堂曾绘有兰斯洛特爵士的英勇事迹等其他亚瑟王传奇的场景。

马上比武大会和骑士精神

骑士参加的马上比武大会经常伴随以城堡内盛宴的举行，两者既是娱乐活动，又和史诗般的香颂和传奇故事一同成为发展和维持骑士精神、弘扬骑士高尚品德的方式。后期的一些城堡设有比武场或竞技场来举办比赛，不然就在露天场地或公园举行，例如爱德华一世于1278年举办比武的场地就位于城堡附近的温莎公园。

在较大规模的比赛中，传令官会身着饰有领主纹章的披风或无袖外罩，为比赛双方宣令并监督比赛的过程。受到亚瑟王和圆桌骑士的传奇故事的启发，国王爱德华一世举办了至少五场圆桌骑士比武大会，其中包括1279年在凯尼尔沃思城堡、1284年在威尔士的奈芬城堡以及1302年在苏格兰的福尔柯克城堡内举办的比赛。在这类比赛结束之后，城堡内会举办盛大的宴会，一些参加比武的领主会装扮成亚瑟王朝著名的骑士。据记载，爱德华一世曾在宴会上派侍从闯入，打断宴会，声称王国发生动乱，呼吁在场的人展现他们的英勇。那些不知内情的骑士随即站起来保证为国王英勇作战。国王于是命令他们信守诺言，

袍的服装总管。宴会有时接续以娱乐活动的开展，诗歌朗诵和音乐演奏尤为受欢迎。在英格兰，歌手会用鲁特琴、竖笛和肖姆管（中世纪的双簧管）演奏传统歌曲，以打击乐器和小提琴伴奏，演奏的很多曲目均为自作曲。在11世纪的法国南部，被称为"行吟诗人"（troubadour）的诗人音乐家就开始创作并四处演唱颂扬宫廷爱情的歌曲。这些歌曲赞颂了骑士们对激发他们在战斗和比赛中勇敢拼搏的宫廷淑女的忠贞且高

借此番比武大会为真正的战役做好准备。

英王爱德华三世也是骑士精神的忠实拥护者,主持过许多场马上比武大会。1344年,他在温莎城堡举办了一场比武大会,共有200名骑士和扈从参加比武及之后的宴会。在活动的第二天,他宣布了成立骑士团的意向,甚至计划在城堡的上层堡场内建造一个圆形的大礼堂。这是唯一被提议的圆形大礼堂,不过最终没能建成。在四年后的1348年春夏,为了庆祝在1346年抗击苏格兰人的克雷西战役和内维尔十字之战以及在1347年加来围攻战中获得胜利,爱德华三世在雷丁、威斯敏斯特、利奇菲尔德、贝里圣埃德蒙兹、坎特伯雷、埃尔瑟姆和温莎等城堡中举行了比武大会。在温莎城堡,爱德华三世创立了嘉德骑士团,其中26位创始骑士都是参与过克雷西战役和许多比武大会的资深骑士。

下图:安茹的勒内所绘的《比武之书》中,一幅细密画(1465)展现了两组骑士蓄势待发的同时,领主和贵族妇女在专门搭建的看台上观看的场景。比武之后会举办盛大的宴会。

烟囱和壁炉

盖德隆城堡北楼的屋顶上共设置了三根烟囱：一根自厨房伸出，一根位于邻近大礼堂、饰有壁画的房间内，另一根则设于大礼堂中。作为专用于餐饮、娱乐和其他公共活动的房间，大礼堂需要充足的供暖。在大礼堂内修建大型壁炉是2010—2012年的一项重大工程。

右图：石匠正在砌筑烟道周围的烟囱壁。石匠头顶的帆布可以保护他们免受阳光直射，也可以防止砂浆过快干燥。

上图：石匠菲利普于北楼屋顶的高处用抹子在烟囱顶端的四块石料上涂抹砂浆，之后便可固定烟囱的砂岩顶石。为了改善通风，烟囱要尽可能建到最高。

上图：2008年夏季，大礼堂中壁炉的两侧砌筑了石灰石侧柱。在北部的幕墙里已经建好了用于储物的石灰石壁龛。

上图：2009年，石匠在壁炉内为排风罩上方的石灰石拱券进行最后的装饰。该拱券有助于分散烟囱的重量。

上图：橡木过梁被固定在雕刻好的梁托上。石匠接下来要用石块砌筑烟囱的排风罩。壁炉深度仿照了杜尔当城堡内的壁炉。

149

第7章 大礼堂

历久弥新的大礼堂及其演变

尽管城堡内的私人居所以及其他用来招待贵宾的房间不断增加,大礼堂始终都是贯穿中世纪的最为重要的建筑。作为城堡的行政中心,大礼堂宏伟的空间规模以及象征意义确保了其持久的核心地位。长期以来,大礼堂的设计都保持不变,平面基本呈长方形,通常设有大窗户和中央的火炉,并在窗户一端设置高起平台。

切普斯托城堡的大礼堂于1067年由威廉·菲茨奥斯本下令修建并于1090年完工。其外轮廓长30米、宽12米,体量颇大,是中世纪早期气派大礼堂的典型案例。建造大礼堂的风潮绵延整个中世纪,凯尼尔沃思城堡内宽达14米的宏伟大礼堂就是一个有力的证明。这座大礼堂由石匠大师亨利·斯潘塞于14世纪末为冈特的约翰修建,以石墙板和格子窗为重要特征。

切普斯托城堡大礼堂的屋顶和天花板虽然已遭损毁,但它仍是英国境内现存最为古老的石砌建筑。这座长方形结构的建筑地上

下图:卡菲利城堡的大礼堂于1322—1326年由大师托马斯·德拉巴塔伊和威廉·赫利为城堡主人休·勒德斯潘瑟(小勒德斯潘瑟)改造,可能具有和切普斯托城堡大礼堂相似的建筑特征。

上图：什罗普郡斯托克赛城堡的大礼堂由羊毛商人勒德洛的劳伦斯于13世纪末修建，屋顶原始的木制拱券保存至今。（Alamy供图）

原有两层高，二楼为大礼堂，地下还有一个斜坡式的地窖（东端净空高2.3米，西端净空高0米）。大礼堂的西端或设领主所坐的高起平台以及供领主和访客使用的私人房间，菲茨奥斯本、马歇尔和毕格德都曾在此接受觐见。访客经大门廊道进入。这座大礼堂后来分别于1225—1245年和1275—1300年重修，大礼堂所在的巨塔被改建为三层式的巨塔。

与此同时，达勒姆主教安东尼·贝克在达勒姆城堡内建造了另一座同样气派非常的大礼堂，多年来皆作为达勒姆主教的宫殿使

上图：斯托克赛城堡大礼堂内通向私人房间的木制楼梯。楼梯的踏面是1291年建成时期的原物，以整段树干劈削而成。楼梯上刻画的木匠标记与天花板上的标记相同。（Alamy供图）

右图：海丁厄姆城堡内雄伟的大礼堂位于四层式主楼的二楼和三楼。请注意嵌入墙中的窗户。（城堡运营方供图）

用。该礼堂在早期诺曼式城堡大礼堂的基础上改建，将建筑的南侧部分向外扩建，增筑了窗户和屋顶，同时在大礼堂两端各设一个主教座席。14世纪中叶，哈特菲尔德主教将其进一步加长为英格兰最大的建筑，直到15世纪末理查德·福克斯主教下令将其截短。沿墙面上部所设的小号手座席可以追溯到哈特菲尔德主教的时代。小号手会在正式典礼中于主教入场时吹奏小号，也会在宴会上表演。现今的大礼堂维持着19世纪重修时的样貌，但保留了其15世纪长30米、高14米的规模。

威尔士卡菲利城堡的大礼堂于14世纪初期由休·勒德斯潘瑟下令改建。他的妻子是埃莉诺·德克莱尔，而她是1268年兴建这座城堡的诺曼领主吉尔伯特·德克莱尔的后裔。勒德斯潘瑟委托托马斯·德拉巴塔伊和威廉·赫利主持改建工程。他们加高了屋顶，并为大礼堂增筑了饰有精美雕刻的门窗。

在此时期，不完全是城堡的建筑也有可能修筑有大礼堂。例如，斯托克赛城堡就是一座设有防御工事的庄园，而非传统意义上的城堡，可它却保存有最为完好的中世纪大礼堂。它由羊毛商人勒德洛的劳伦斯于1280—1290年代建造，长16.6米、宽9.4米，以原始木拱支撑屋顶，颇具特色。大礼堂低矮的一端设有木制楼梯通向屋顶房。

壁炉：大礼堂的核心

在大礼堂占据城堡中心地位的时代，中央火炉一直颇受青睐。在肯特郡彭斯赫斯特庄园高18米的大厅中即可看到一个保存完整的中央火炉。该庄园筑有防御工事，由伦敦商人约翰·普尔特尼爵士于1341年建造。

这些中央火炉能够获得如此青睐并被长期使用在某种程度上确实有些出人意料，因为使用它必定会在大礼堂里产生很大的烟雾。或许烟雾是因为已经与大礼堂的宏伟气势和悠久传统联系在一起，以至于领主和他的家臣都想保留中央火炉。话虽如此，一些石匠

左图：爱丁堡克雷格米勒城堡的大礼堂内有一个建于1500年前后的巨大石砌壁炉，大礼堂上方原有精美的木制天花板（现已损毁）。这座城堡由普雷斯顿家族于14世纪建造。1566年，苏格兰女王玛丽正是在此策划了谋杀丈夫达恩利勋爵的血案。（Getty供图）

大师确实提出了一些解决烟雾问题的方案。举例来说，约翰·莱温大师于1390年前后在沃克沃思城堡的礼堂窗框顶部设置了烟道，于1385年前后在博尔顿城堡内设计了相同的配置。这种配置计划通过六条烟道（每扇窗户上方各有一条）将炉火燃烧产生的烟雾从大礼堂内导入烟囱，有助于改善室内的空气。

除了常见的中央火炉，一些大礼堂还在高起平台后方的墙面上装设了壁炉，为主人和贵宾的就餐环境增添暖意。有些城堡的大礼堂可能并无中央火炉，例如凯尼尔沃思城堡的大礼堂中就没有中央火炉，取而代之的是五个壁炉。其中两个分别位于礼堂两侧，较高的一端是一个三层的壁炉，可能是为了提供足够的热量和光线。

在盖德隆城堡，石匠选择在大礼堂北侧墙面（后侧墙面）砌筑一个壁炉。他们先用陶砖以人字形砌法衬砌壁炉的后壁，形成能够承受高温的底层以保护壁炉后方的砂岩墙壁。石匠们必须未雨绸缪，因为修复或更换受热损坏的陶砖要比重建因火灾而损毁的砂岩墙壁容易得多。除了衬砌陶砖，石匠还用石块砌筑了一个壁炉排气罩，木匠则为之制作并安装了橡木过梁。

烧制黏土砖瓦

大礼堂壁炉内衬砌的陶砖，同地砖和屋顶的瓦片一样是用盖德隆当地的黏土烧制而

上图：肯特郡汤布里奇附近彭斯赫斯特庄园的大礼堂建于1341年，其内设有一个中央火炉。建造这处防守严密的庄园的约翰·普尔特尼爵士曾四度担任伦敦市长。诗人菲利普·西德尼爵士于1554年出生于此。（Alamy供图）

左图：2011年盖德隆城堡大礼堂内由东望向西侧的样貌，可以看到尚未完工的地板、砌筑到一半的壁炉和壁炉腔以及山墙顶部带有优雅四叶装饰的窗户。礼堂上方的水平横梁为系梁，垂直竖柱为中柱，支撑地板的托梁仍然暴露在外。

下图：盖德隆城堡于2013年2月的冬季景象。此时的大礼堂和北楼被一层薄薄的积雪覆盖，壁炉是不可或缺的。北楼的主体结构已大致完成，但礼拜堂塔和西角塔仍有待日后建造。

成的。首先，砖瓦匠从地下挖出黏土，对黏土进行搅碎混合以去除内部的空气。其次，他们将一批批黏土混合在一起揉捏至光滑状态，再使用木制模具在木制工作台上制做出成形的陶砖，继而将其夯实并用刮刀除去多余部分，使其表面光滑平顺。最后，这些瓷砖会在干燥架上放置数周，待完全干燥后放入窑中进行烧制。

上图:以陶砖衬砌完毕的大礼堂壁炉。铺瓦工在壁炉前方地面和壁炉内侧都铺好了陶砖。

右图:大礼堂壁炉完工后的样貌。请注意用来吸收烟雾的壁炉膛和排气罩。炉膛后侧的烟灰痕迹表明它已投入使用。

上图:泥瓦匠以人字形砌法衬砌大礼堂壁炉后侧墙面。在中世纪,利用陶砖来保护砂岩墙面是一种久经考验的成熟方法。

砖瓦业

烧制用于衬砌炉膛或其他用途的陶砖通常是一门家族事业,一般位于能够大量供应木材作为窑炉燃料且便于取得原料的黏土坑附近。能够同时满足这两个标准的村庄有时会成为专门生产砖的地区。在一些地方,窑炉就像水磨坊等关键技术一样为当地领主所有,他人需要缴纳税金方可使用。

法国于13世纪引入了严格的法规来管理砖瓦行业,对所用黏土的质量、砖瓦的尺寸以及每批次烧制砖瓦的数量(窑炉放太满不利于砖瓦的质量)都有所限定。依据规制,地方长官可以扣押未按规定制造的砖瓦。这种严格的控制对城堡管家和石匠大师来说十分有利,因为他们可以从任何砖瓦匠那里订购砖瓦而不必担心它们的质量。

中世纪技术：烧制砖瓦

为了明确像盖德隆这样中等规模的法国乡村城堡如何烧制砖瓦，砖瓦匠认真研究了考古调查的结果，了解所用黏土的类型、模制砖瓦的干燥过程、窑炉的形状以及烧制后冷却砖瓦的方法。他们还拜访了仍用传统方法烧制砖瓦的匠人。在四个施工季中，盖德隆城堡建设团队经过反复试错，找到了合适的方法，对制造过程和窑炉本身进行了调整。

1. 将黏土加水搅拌并挑出里面混杂的树枝和石头后，像揉捏面团一样揉捏黏土排出空气。

2. 用木制模具将加工过的黏土塑造成型，然后将多余的部分切除以形成表面平坦、形状均匀的砖瓦。

3. 将方形、星形（如图所示）等不同形状的砖瓦在干燥架上静置数天。

4. 在烧制之前，在未烧制的砖瓦上铺一层已烧制好的砖瓦作为隔热层。

5. 砖瓦匠穿戴围裙和皮手套，以抵御窑炉中烧制黏土砖所需的高温。

6. 将砖瓦在1 000℃的高温下烧制15小时。每批可烧制约3 000块砖瓦。

7. 烧制完毕后，砖瓦会和窑炉一起静置数日，待充分冷却后，方可取出。

8. 砖瓦匠检查每块出炉的砖瓦，确保成品令人满意。

9. 将砖瓦堆叠起来备用。工人铺设北楼屋顶时，使用了28 000块窑炉烧制的陶瓦。

铺设中世纪城堡的地板

为大礼堂装设符合其巨大体量的屋顶和地板对石匠和木匠来说是极大的挑战。房间屋顶的宽度在很大程度上取决于可用木材的长度。有些大型塔楼内部筑有横墙，使得分隔出的两块区域能够分别铺设地板和屋顶。大礼堂的地板通常铺设于插入石砌墙面托梁槽中的木托梁之上。石匠可能会先在墙壁砌筑的过程中将木材插入托梁槽，再在周围砌筑墙面。有时，这些木托梁的中部还用垂直的脊骨梁加以支撑。

里士满城堡宏伟的斯科兰礼堂建于10世纪60年代，宽7.9米、长23米，左右两侧墙壁上还残留有用于容纳木托梁端部的插孔，前后两端墙面上则各有一个用于支撑横梁的方槽。横梁插槽较侧壁插槽略低，表明纵向延伸的横梁下方有立柱承托，木托梁则置于横梁上。在切普斯托城堡巨塔的礼堂中可以看到类似的插孔，表明在礼堂中央也有一排支撑主要托梁的立柱。在13世纪后期以降建造的城堡中，横梁进一步由支架和墙柱支撑。卡那封城堡的鹰塔（约1283）的地板梁就由墙柱提供额外的支撑。

这样的工艺表明在中世纪城堡的建造过程中技术高超的木匠和石匠必须密切合作。如前文所述，一栋建筑物自打地基开始就使用了大量木构件。它们的存在有助于在砂浆漫长的凝固过程中保持建筑物结构

上图：威尔士切普斯托城堡的巨塔大礼堂或修建于10世纪60年代，如今已为半损毁状态，但在墙面上仍可看到用以固定木托梁的插孔。

的稳定性。

铺设大礼堂的地板

盖德隆城堡大礼堂的地板由六根橡木檩条承托，每根长 7 米，其下亦有梁托支撑，没有另设脊骨梁。每根檩条重约 600 千克，横截面积为 35 平方厘米，需要吊升至距地面 4.5 米的高度才能进行固定。由此便产生了一个问题：石匠大师及其团队既担心檩条的重量会不会超过踏车所能承受的极限，也怀疑踏车能否将横梁吊升到如此高的城墙顶部并精准地安装到位。因此，他们不得不研究另外一种方案以安装檩条。团队最终想出的解决办法是将北楼一层（大礼堂下方的楼层）的西侧墙壁砌筑得高于东侧墙壁，让工人能够借助木制坡道将横梁逐一运至东侧墙顶，再两人一组将檩条沿墙顶缓缓向上滚动至西侧墙面。

该方法十分奏效，六根檩条被成功地全部滚推至墙顶并叠放于较高的墙面西侧。石匠接着将剩余的墙体砌筑完毕，让墙面各端保持平齐，也使檩条能够准确地放置于承托它的梁托之上。

在安装好地板托梁后，木匠在梁托间铺设了一层薄薄的橡木板条，再于其上铺了一层厚约 20 厘米的泥土并夯实成平坦的表面。接下来，木匠又在土层上方先后铺一层 5 厘米厚的砂浆和 4 000 块窑烧地砖，形成最终平整的陶砖地面。

下图：在英格兰北约克郡里士满城堡的斯科兰大礼堂二楼的后墙窗口下，可以看到支撑主梁的插槽。该礼堂也建于10世纪60年代，图为从大礼堂东侧望向西侧的景象。（Alamy供图）

右图：搬运用于铺设大礼堂地板的沉重檩条（主要的橡木横梁）采用了沿着木制坡道向上滚动的办法。移动一根重达600千克的檩条需要至少7名工人。

上图：石匠砌筑了部分墙体，使其整体呈向上倾斜的状态，让工人能够沿着墙顶斜坡缓缓向上滚动檩条至预定位置。这样一来，在修筑大礼堂前侧墙面时，粗大的檩条可以放置于西侧山墙旁。

上图：大礼堂地砖下层的特写。地板托梁之间薄薄的橡木板条（右侧）上已铺好一层夯实的土（左侧）。砖瓦匠随后会在土层上再铺一层砂浆，再将陶砖整齐地铺在砂浆层上。

上图：木匠用斧子将树干劈砍成方形木材。

左图：伐木工用大锤将木楔打入一段橡木，从中将其劈开。

下图：一堆处理好的木板条成品，准备用于铺设横跨干涸壕沟的桥梁桥面。

度量衡

在中世纪，每座城堡使用的度量单位各不相同。石匠会在一个特定的位置标明 1 英寸的长度，将其展示给所有工匠看。盖德隆工匠采用的度量单位如右侧所示。这些单位可追溯到罗马帝国时期，在中世纪亦被广泛使用，通常基于人体比例制定，如英寸、足长、肘尺和突阿斯。1 英寸等于 2.5 厘米的定义是根据附近拉蒂利城堡的测量结果得出的。

1 英寸（Inch）= 2.5 厘米
1 手掌（Palm）= 7.5 厘米
1 手长（Hand）= 12.5 厘米
1 手展（Hand span）= 20 厘米
1 足长（Foot）= 30 厘米
1 肘尺（Cubit）= 1 臂展 = 44 厘米
1 突阿斯（Toise）= 6 英尺 = 180 厘米

建造技术：铺设大礼堂的地砖

自 2012 年秋天，盖德隆城堡北楼的较高楼层开始铺设地砖。工人们需要在地板托梁之间的橡木板条上方先铺一层泥土，但将泥土运送到这个位置绝非易事。那一年，盖德隆城堡建设团队为在前几个施工季里志愿来此劳动的"工匠大师"举办了特别的庆祝活动。他们组成了一条人体传送带，将 6 吨重的泥土从中庭开始接力运送到二楼。搬运到位后，夯实这些泥土也是一项浩大的工程。石匠和砖瓦匠着手先铺好一层砂浆，再于其上铺设窑炉烧制的赤陶砖。大礼堂的地砖则从第二年开始再行铺设。

1. 图中可以看到地砖下方的砂浆层。工匠会烧制一些三角形的砖块用于将一块区域的边缘铺至平齐。地砖颜色的轻微差异是窑内温度不同所致。

2. 砖瓦匠一次只在地板的一个区域铺设。他在地砖上轻轻拍打，使砖块嵌入砂浆中。画面前方的土层上放置着一个沉重的双柄柳条篮子，里面放置着多块地砖。

3. 砖瓦匠借助透过大礼堂南侧墙面上大窗户射入的自然光线工作。他在房内拉了几条辅助长绳，确保铺设的地砖排列整齐。

4. 地板表面铺设得越是水平，其使用寿命就越长且越难损坏。完工的陶砖地面是一道亮丽的风景，是将墙面以石灰水刷白或以彩绘壁画和色彩缤纷的壁毯装饰以外同等重要的中世纪城堡装饰。

8

礼拜堂和其他建筑

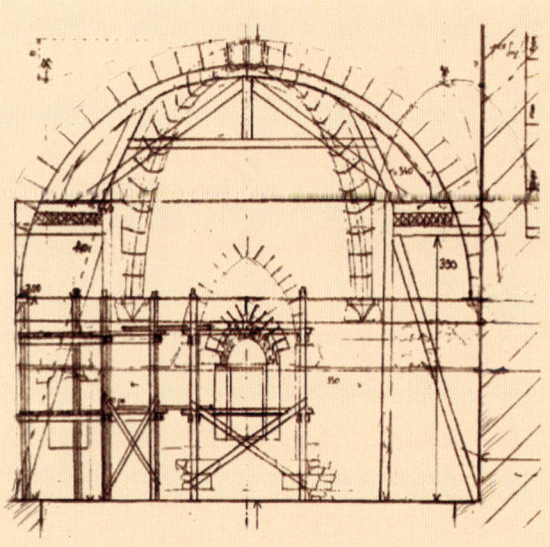

作为领地上的军事和生活中心，城堡一般都设有供信徒日常进行礼拜的场所，而在其周围还环绕着许多不同工种的工作用房。盖德隆城堡也是如此，内设石匠、铁匠、编篮工、伐木工、木匠和制绳工的工作场所以及窑炉和水磨坊。城堡内还建有一间礼拜堂，正位于礼拜堂塔的三楼。

跨页图：安格尔西岛博马里斯城堡内翻修好的美丽礼拜堂。（Cadw供图）

礼拜堂和拱顶

礼拜堂是城堡内必不可少的建筑。在中世纪早期，礼拜堂通常是一个小而质朴的房间，到后期则变得宽敞华丽。部分礼拜堂还设有纪念领主先祖并体现家族长治久安的地下墓穴，成为领主身份和地位的象征。自11世纪起，城堡内的礼拜堂出现了拱顶，它们看上去十分美丽，但建造难度颇大。

在一些城堡中，礼拜堂建于门楼内。诺森伯兰郡的普鲁杜城堡就于13世纪在12世纪建的门楼中加筑了一间礼拜堂，还在二楼的东墙上加筑了一个后殿，形成一处设有拱窗并可经尖拱门进出的小型圣殿。其他城堡的礼拜堂则建于主楼或巨塔中。包括盖德隆在内的一些城堡将教堂建在呈四边形布局的四座角塔中的一座里，如博马里斯城堡的礼拜堂就位于内城区东墙两座D形塔楼之中的一座内。然而，建有大型主楼的城堡常常将礼拜堂设置在主楼的前沿建筑中，如建于约1168年的纽卡斯尔城堡主楼即设有带肋拱拱顶的礼拜堂。此外，还有一些礼拜堂以独立建筑的形式建于堡场幕墙边，如哈莱克城堡的礼拜堂就位于内堡场的南侧城墙附近，或如雷斯托梅尔城堡的礼拜堂建于壳式主楼的内侧城墙边。

有的礼拜堂可能是城堡最高层的房间之一，比如位于巨塔或角楼的顶层，寓意礼拜场所和天堂之间畅通无阻。城堡中通常有一间以上的礼拜堂：较大的一间开放给全体城堡居民共用；另有一间小礼拜堂供领主私人使用，通常建于主楼、巨塔或居住建筑中专属于领主的私人区域附近。在原建有一座撒克逊时期礼拜堂（堡垒中的圣玛丽礼拜堂）

上图：威尔士康韦城堡的皇家礼拜堂保存至今的13世纪玻璃槽中被装上了现代的彩色玻璃。玻璃上描绘了爱德华一世及其膝下数位威尔士亲王的故事。

的多佛尔城堡中，于1179—1188年为亨利二世兴建的塔式主楼内设有一处小型皇家礼拜堂，用于纪念亨利二世早期的密友、后期的敌人——托马斯·贝克特。贝克特在死后不久就被教皇亚历山大三世封为圣徒。博马里斯城堡内也同样设有一间专门供国王

右图：博马里斯城堡的礼拜堂位于内幕墙上六座塔楼中的一座内，可看到礼拜堂在壁面上开的窗户。请注意城堡的外城墙是多么狭窄。（Cadw供图）

牧师和施赈官

　　礼拜堂在牧师的管辖之下。城堡里的每一天皆以牧师主持的弥撒为始，每餐前也由他说序祷词。作为城堡内为数不多识字的人，牧师还要负责草拟领主的往来信件，并在大礼堂内与管家一起进行文书记录和田产管理方面的文书工作。他通常还负责教育领主的子女和照顾城堡居民的一般精神需求。

　　牧师的手下有一名施赈官，负责在餐后收集剩余的菜肴和面包并将其分发给穷人。这些食物有的来自厨房内外的备餐室，有的来自城堡之外。施赈官的工作还包括劝说领主定期施赈，尤其是在各个圣徒节庆的当日施赈。施赈官应为穷人保留衣袍、用具或其他物品，避免它们全部落入奉迎者之手。

上图：在这幅13世纪的插图中，一位牧师正在主持婚礼。除了为生者祝祷，他也为逝去之人的灵魂做弥撒。（玛丽·埃文斯供图）

使用的小礼拜堂。在科尼斯伯勒城堡，环绕圆形塔楼的六座楔形扶壁式塔楼中的一座在四楼设有一间带拱顶的礼拜堂，作为一处私人祷告室与领主的房间相连。在用作王室住所的康韦城堡中，石匠大师圣乔治的雅克于1284—1286年为爱德华一世在内城区的中庭边修建了一座礼拜堂。礼拜堂面积不大，位于东北塔楼厚实的墙面之中。

早期小型礼拜堂的拱顶

　　在11世纪，礼拜堂较城堡中的其他地

方更常修筑拱顶。伦敦塔的白塔中由威廉一世自1078年起修建的圣约翰礼拜堂是巨塔中设置礼拜堂的早期实例。礼拜堂是塔楼原始结构的一部分，很可能供王室专用。

尽管该礼拜堂以粗壮的柱子承托着造型简单、非模铸的拱券，以其朴素为今人所称道，可它最初却可能涂抹了鲜艳的色彩。1240年，亨利三世为礼拜堂添加了三扇描绘圣母和圣婴的彩绘玻璃窗以及使徒约翰和英王忏悔者爱德华的画像。圣约翰礼拜堂有着悠久而迷人的历史，似乎曾于爱德华二世统治时期存放着皇家档案，于1360年用来监禁法国国王约翰二世，而在1399年亨利四世国王的加冕典礼前夜由巴斯骑士团彻夜守护。礼拜堂的祭坛和圣殿上方为半圆形拱顶，正厅上方为筒形拱顶，而过道上方则为交叉拱顶。

里士满城堡的圣尼古拉斯礼拜堂位于罗宾汉塔（塔名可以追溯到维多利亚时代，目前该塔已毁）的一层，亦有筒形拱顶和迷人的圆窗。这间礼拜堂可以追溯至11世纪后期，是英格兰现存最古老的城堡礼拜堂之一。红色涂料的残痕进一步证明这一时期的礼拜

上图：伦敦塔白塔内的圣约翰礼拜堂是英格兰现存最古老的礼拜堂之一。礼拜堂的正厅上方为筒形拱顶、过道上方为交叉拱顶、祭坛上方为半圆形拱顶，拱券下方都以坚固的柱子承托。

礼拜堂的守夜仪式：骑士授封礼

除了作为日常礼拜的场所，城堡的礼拜堂在新骑士授封仪式上也发挥了关键作用。在授封仪式中，预备骑士首先要沐浴，象征他如接受基督教洗礼那般洗去罪恶，然后穿上白色的衣袍和红色的长袍，由其他资深骑士领入礼拜堂。在礼拜堂中，牧师会为预备骑士的剑祝祷，然后将其放置于祭坛上。当晚，预备骑士会在礼拜堂内守夜，正如巴斯骑士团在亨利四世的加冕典礼前夜于圣约翰教堂中守夜一样。第二天早上，在结束忏悔和弥撒后，预备骑士与资深骑士共进早餐，然后在两名资深骑士的帮助下装配好盔甲和头盔，将马刺系于鞋跟之上，挂好佩剑，站上圣坛。最后，领主或国王会将束带或腰带挂到预备骑士身上，用手或剑用力击打他的脖子。预备骑士加入骑士团的授封礼就此完成。

上图：盖德隆城堡礼拜堂上方的交叉肋拱建于2014—2015年的施工季，拱帆上涂抹了一层石灰涂料。

堂已经开始使用彩绘图案进行装饰。

附属小教堂

在一些城堡中，领主修建了附属于礼拜堂的小教堂，供养一群牧师专为领主本人及其家眷、祖先的灵魂祝祷。在北约克郡的博尔顿，博尔顿第一代斯克罗普男爵理查德·勒斯克罗普在14世纪70年代后期委托著名的石匠大师约翰·莱温建造了博尔顿城堡，后又于1393年获得了在城堡内修建附属小教堂的许可。位于诺森伯兰郡的沃克沃思城堡曾计划在城堡内修建另一个附属小教堂，现存的遗迹表明该小教堂本会以十字形的平面布局横跨堡场，在本体和主楼之间形成一个中庭。小教堂的地基部分已经完成，但其余部分未曾动工。

盖德隆城堡的交叉肋拱

在盖德隆城堡，石匠大师弗洛里安·雷努奇和他的团队在礼拜堂塔的底层建造了一个宏伟的交叉肋拱，其设计是基于对13世纪耶夫尔勒沙泰勒城堡的研究和观察后得出

右图：图中为礼拜堂塔地下室的交叉肋拱。在放置拱鹰架前，石匠在每根拱肋的底部分别砌好了梁托和三块拱石。

上图：五名石匠小心地将拱顶石移动至拱鹰架顶部。请注意拱顶石侧面雕刻的接缝。

上图：石匠正在安装最后一块石灰石。拱鹰架还位于拱顶下方，拱顶石也已安装到位。最后几块整齐安装在拱顶石周围的拱石被称为逆拱脚石，如有必要可以在最后关头进行调整。

上图：石灰石拱肋均已安装到位。拱肋下方仍可见拱鹰架。石匠已经开始修筑拱帆（拱肋之间的碎石填充物），完成后便会将下方的拱鹰架小心地移开。

的。底层房间的直径为 3.8 米，拱顶由一块拱顶石、六根石灰石拱肋、六块梁托和 54 块宽 25 厘米的拱石构成。

建造拱顶的首要任务是由木匠在作坊中制作能够在施工过程中支撑拱门的拱鹰架。同时，石匠在每根拱肋的底部分别安置了梁托和前三块拱石。随后，木匠和石匠合作，小心翼翼地将拱鹰架放置到指定位置并以可移动的木楔进行支撑。石匠将拱顶石放置于顶部（拱顶石一般在开工早期就已放置到位，而非最后放置，这一点可能与一般人的认知相悖）。最后放置最上方的六块拱石（在此语境中应称为"逆拱脚石"），这些拱石可在最后时刻根据需要进行微调。

上图：四分拱顶下部的构件包括：雕刻精美且起支撑作用的梁托、扁平厚板状的柱顶垫石、拱脚石以及上方的逆拱脚石。

搭好拱肋后，石匠借助拱鹰架砌造拱肋之间的拱帆。工程关键在于移开木制支撑物查看拱肋"在仅受重力作用下"是否能维持不动，即拱背（拱的上弧面）是否能承受足够的重量。在石匠大师、凿石工和石匠从拱顶外侧向内仔细查看石构是否有任何移动的同时，木匠会在室内将拱鹰架下方的楔子移开，将拱鹰架下移几厘米——拱顶完好无损。

这是在盖德隆城堡中成功建造的首个复杂拱顶。那一刻对于参与其中的工匠来说无疑是胜利的时刻，想必对他们的中世纪同行来说也是如此。

四分拱顶

在礼拜堂内部，盖德隆建设团队建造的则是一个四分拱顶（拱顶由四根拱肋分为四部分），由四块雕刻精美的梁托、四块柱顶垫石（构成柱子的扁平厚板）、四块拱脚石、四块逆拱脚石、拱顶石和 50 块拱石构成。四块梁托的每块均重 150 千克，分

上图：礼拜堂墙壁上的圣洗池，即牧师用来洗手或清洗弥撒所用圣杯的盥洗池。在一些城堡遗迹中，圣洗池的位置可作为历史学家判断礼拜堂所在房间的关键证据。

建造技术：礼拜堂的四分拱顶

建成礼拜堂塔底层宏伟的交叉肋拱后，石匠们又在塔楼二层的礼拜堂中尝试建造一个四分拱顶。拱顶由四块精雕细琢的梁托支撑，其拱顶石上则有石匠让-保罗在其石灰石质地上雕刻出的惊艳的叶片装饰。

1.在装设拱鹰架之前，石匠已砌造好礼拜堂优雅的尖拱窗。

2.雕刻好的拱顶石已用踏车抬升到塔楼二层，正由工匠们小心搬动到指定位置。

3.工匠们将拱顶石移动到拱鹰架上方并调整其位置。石灰石上栩栩如生的叶片雕刻清晰可见。

4.从拱鹰架的下方抬头仰视，可以看到拱顶石以精致一面朝下的方式安装到位。工匠们脸上的表情也是清晰可见的如释重负。

5.从空中鸟瞰拱顶石的就位情况，可以看到其中两扇尖拱窗以及依拱鹰架向上砌筑的拱石。

6.完工后的拱顶。精心雕刻的梁托和拱顶石相得益彰。墙面已用砂浆和石灰白料进行粉刷，以备后期进行装饰。

建造技术：尖拱窗

在建造礼拜堂的拱顶之前，石匠必须先在礼拜堂塔的外墙上砌造出三扇高2.1米的尖拱窗。尖拱窗由塔楼墙面内侧的尖拱、带锥形拱顶的斜面窗洞和墙面外侧的斜切尖拱构成。尖拱窗完成于2015年夏季，在斜面窗洞中砌造锥形拱顶对于工匠们来说是一项新的挑战。

1. 图为墙面外侧的尖拱。在此阶段仍要使用木制拱鹰架支撑拱石。拱券顶部装有两块拱顶石。

2. 四块拱形的木制支架。石匠会在支架上用木制模版搭出拱形框架，用以在搭建锥形拱顶时支撑石块。可以看到第一块石灰石拱石已安装完毕。

3. 木制支架两侧均已安装好底部的四块石灰石拱石。石匠打算安装木制模版，再沿边缘安装砂岩石板。

4. 尖拱的一侧已安装了六块拱石，另一侧则安装了五块（图中未完全显示）。接下来，他们将安装两块逆拱脚石。请注意，木楔会在支架被取下的同时移除。

5.窗户的尖拱和锥形拱顶已经完工。在图中窗洞的最里处可以看到窗向外一侧的顶端。拉长的阴影表明盖德隆城堡工地上的一天即将结束。

6.从墙面外部看，已经完工的窗户的白色石灰石与墙面浅棕色的石材形成鲜明对比。请注意外墙上借助架眼搭设的脚手架，便于石匠在墙面外侧和内侧进行施工。

别由不同的石匠雕琢而成，其造型参考了杜尔当城堡内的梁托。

石匠让-保罗为拱顶石雕刻的叶片装饰参考了巴黎克吕尼博物馆中收藏的13世纪雕刻。由于拱顶石异常沉重且带有精美的叶片装饰，在从用踏车吊升至礼拜堂塔的墙顶到用木滚轮搬运至塔内指定位置的过程中必须小心对待。

石匠在礼拜堂塔的外墙上砌造了三扇尖拱窗，还用36块雕刻好的石料砌造了一扇哥特式花格窗。在开始雕刻用于窗户的石料前，石匠在石匠铺中的描图地板上画出了设计草图。礼拜堂是城堡内最为神圣也是装饰最为精美的地方，华美的窗户以及雕刻精巧的梁托、拱顶石均与其功能相符。礼拜堂完工后，墙面会涂上一层用产自盖德隆城堡工地自制的石灰调成的砂浆，再覆盖以一层石灰白料，最后在白料上绘制装饰图案。

面向窗户时的右侧墙壁内嵌有一个圣洗池，用于清洗和存放弥撒中使用的圣器。工匠们本来打算在礼拜堂墙壁内设计一处专门存放圣物的壁龛，但因墙面厚度不足而放弃。

连接礼拜堂塔的城墙走道

石匠在砌筑礼拜堂塔外墙的同时，也修建了通向上层的螺旋楼梯。随着礼拜堂塔逐渐加高，石匠和木匠合力沿幕墙建造了一个带顶篷的木制走道，将礼拜堂塔与西幕墙连接起来。在砌筑幕墙的上半部分时，石匠安装了三个石灰石梁托以支撑走道的顶篷。在幕墙的下半部分，他们预留了安装走道地板用于支撑的架眼，供木匠在其中插入横木并在上方铺设地板和护栏。然后，他们固定好顶篷、安装好椽子，最后铺上盖屋板。城墙走道环绕礼拜堂塔而建，因此士兵在城垛上巡逻时便不必穿过礼拜堂。

木制走道的建造再次表明了中世纪城堡中木匠和木结构的重要作用。最初的城堡全部或大部分由木料建造，即使后期城堡主体改为石构，仍存在许多重要且长期使用的木构建筑元素，例如城墙走道。盖德隆城堡计划在中庭围墙的内侧墙边建造木构建筑，用于铸造盖德隆货币的铸币厂就是其一。

下图：礼拜堂塔和西角塔之间的木制走道。请注意走道下方插入架眼的横木和上方墙面上支撑椽子的石梁托。位于画面前景的是下方楼层的斜坡屋顶。

第8章 礼拜堂和其他建筑

城堡和村庄

盖德隆城堡是一座典型的13世纪小型乡村城堡，可供大约30人居住。围绕城堡的四面城墙分布的是木匠、石匠、砖瓦匠、制绳工和制篮工的手工作坊，此外还有菜园、调配颜料和染料的"色彩之屋"以及遥远树林里的水磨坊。

左图：从巨塔望向菜园。盖德隆城堡的园丁们正在尝试种植13世纪的建筑工人可能会吃的植物：洋葱、萝卜和欧防风。

右图：制篮工在城堡北部的作坊里编织着一个柳条篮子。用柳树或榛树的柔性树枝编织而成的篮子用于盛放菜园出产的农产品。

上图：水磨坊是中世纪领主重要的收入来源，也是佃农生活条件改善的体现。

右图：三名铁匠正在锻造金属转轴，它是使磨石旋转的机械装置的零部件之一。

下图：供木匠和伐木工使用的新作坊已于2016年完工。作坊由两个工作区域组成，较大的建筑包含带顶篷的描图地板，可供工人们将拱鹰架和其他建筑所需的木构件铺开试装；较小的建筑新建而成，靠近森林，便于伐木工人使用。

第 8 章 礼拜堂和其他建筑

附属建筑和城堡居民

供手工业者、牧民、磨坊工人等维持城堡运作的人员用以生活和工作的房屋通常坐落在城堡外围或外堡场内。一些城堡（如威尔士的康韦城堡和卡那封城堡）还为市镇城墙内经过规划的成片邻近定居点提供了庇护。在盖德隆，这类附属建筑物通常分布在城堡周围成荫的林地中。

在威尔士北部的卡那封城堡，英王爱德华一世计划将城堡及其周边地区打造为新的首府。他于1283—1292年付诸行动，耗资约3500英镑建造了总长约734米的市镇城墙，沿城墙建有两座门楼和八座防御塔。同时，在1283—1287年，他还命人在康韦城堡周边建造了总长约1300米的市镇城墙以及沿线的三座门楼和二十一座塔楼。在康韦，建造城墙和城堡共花费了15000英镑的巨款。

这些依事先规划而建的市镇被认为是受到了同时代法国建设的防御型

上图：15世纪初法国村庄的冬日景象。图中的蜂巢、羊圈、手推车和斜坡顶木屋都与盖德隆城堡周围的建筑物一一对应。（Getty供图）

左图：盖德隆城堡中13世纪风格的纺纱作坊。一层的工作区内的一筐筐羊毛有待梳理，继而用纺轮纺成纱线。工作区上方则是就寝空间。

庄园（如法国南部的艾格莫尔特）的启发。在此类市镇中，城堡周边建立的定居点为城堡提供各种服务，在必要时可获得城堡的庇护。建有围墙的市镇和城堡共同构成王权的象征，也成为一种维护地区稳定的方式。

即使没有事先规划，定居点也常常会出现在城堡周围，最初是为了安置建造城堡的工匠而建，后来也有在防御工事内外工作或依靠城堡谋生的人在此定居。还有一种情况也颇为常见，即领主或国王在领地中已有的定居点附近建造城堡。

领地上的生活

在封建制度下，住在领主土地上的人是自由民或隶农。只有自由民可以自由迁移，或按个人意愿出售或管理他们的土地；隶农和农奴则不得不受领主的摆布。居住在领地上的自由民包括铁匠、制鞋匠、磨面粉的磨坊主以及为茅草屋铺茅草的工匠。农奴通常是以土地为生的农民和牧民。他们需要得到领主的许可才能嫁女儿、出售牲口和房产，而且必须向领主支付费用。

在中世纪的村庄里，铁匠铺是一个颇为特殊的地方。历史学家表示，铁匠在中世纪被认为具有神奇甚至超自然的力量，因为他们能够以某种神秘的方式用岩石制造金属。人们普遍认为铁匠与魔鬼达成了协议。但在很多故事中，铁匠总是胜过魔鬼的那一方。他们会为魔鬼服务（如帮魔鬼的马装马蹄铁）并得到报酬，却不会像很多故事中的人

下图：中世纪风格的菜园位于城堡东侧幕墙以东约30米处静谧的盖德隆森林里。农民在此种植根茎类蔬菜，卷心菜和生菜等野菜，豌豆等豆类，以及几种芳香植物。

上图：木材车工会制作如碗、杵、臼、高脚杯和盘子等家用物品。图中木材车工正在森林边缘的木匠作坊里用脚踏车床挖空碗坯内部。最早的脚踏车床草图来自一份13世纪的手稿。

物那样付出丧失灵魂的代价。民间传统认为，铁匠就像国王或王后那样具有通过肢体触碰就能治愈一个人的力量。甚至一些流传的故事中，生病的孩子或重病患者会被带到铁匠铺并躺于铁砧之上，铁匠在一旁做出捶打的动作，即可将疾病驱逐。

在一处典型的中世纪定居点，人们住在黏土墙或抹灰篱笆墙搭起的单间小屋中，屋内有夯实的泥土地面，人们会在必要时与他们的家禽牲畜共享寝食的空间。有的小屋在外部辟有一小块菜地。屋内的炉膛燃烧着明火，烟雾会从没有装玻璃的窗户、屋檐或茅草间的缝隙中逸出。人们大多使用木制或陶制埚具烹煮食物，少数人家会使用铁锅，吃饭时也是围着搁板桌坐在木凳上。所有人在一处就寝，身下垫着塞满了稻草或废棉的床垫，需要整理的所有个人物品都放在木箱里。平日里他们吃玉米、豆子或谷物粗粉制成的汤或炖菜，偶尔吃一块培根或咸猪肉，就着啤酒吞下配奶酪的硬面包。人们穿的衣服由妇女用羊毛或亚麻制成，穿脏了就用家中男人制作的洗衣板在乡间溪流中洗涤。

在中世纪，城堡工地的工人、在邻近村庄从事手工业的匠人、耕种土地的农民或饲养动物的牧民总是从日出忙到日落。他们在秋季和冬季平均每天工作八小时，从复活节度过夏季到九月底则平均每天工作十二小时。不过，建造城堡的工人实际上只会在夏季工作。他们享有每周日作为一周的休息日，而且在周六以及节日的前夕只需要工作到下午三点左右。

宗教节日的存在使得生活变得更有规律，一年大约有 90 天和周日一样不用工作。因此，人们平均每年工作 200 天。

基本服务

在城堡内谋生的人包括制弓匠、制箭匠以及制造十字弓和弩箭的工人。木匠与其他工人共同制造和维护诸如投石机之类的攻城武器。不同工种的工匠可能会将作坊设置在城堡里或城堡周围领主的领地范围内的定居点中。

在盖德隆，城堡周围美丽的森林中遍布精巧的手工艺作坊和相关附属建筑，另有窑炉、水磨坊和石灰窑等。中世纪的封建领主通常会在领地内修筑这些设施并向佃户收取使用费。这也不是不合理，毕竟领主得先承担这些设施的建造费用。

木材车工

木材车工是常出现在工地的众多工匠的一种，负责制作木制炊具（如碗、杵、臼和粥碗）和木制餐具（如碗碟和酒杯）以及施工现场使用的工具手柄和滑轮。这项工作绝非易事，譬如在制作木碗时，木材车工首先要将碗坯削出成形，再将一根车床心轴打入其中心以使碗固定在脚踏车床上的两根金属钉之间。将一根绳索缠绕在作为心轴的木棒

下图：木材车工正将车床心轴用木槌打入碗坯中。狮心王理查曾为自己的加冕仪式订购了 20 000 个木碗。

下图：新建的木匠作坊中的描图地板完成了地面找平，然后以过筛好的砂子和石灰石膏涂抹，创造出完美的工作表面。

上图：砖瓦窑炉和石灰窑一样建于城堡南部地面之下。砖瓦匠在窑炉中添柴以使窑炉升至足够高的高温时，需要护住头部和面部。他们还会穿戴手套、厚围裙和结实的靴子。

上图：陶工根据13世纪的插图制作了驾于木棍上的陶轮用以转动陶坯。随罗马帝国衰落而失传的陶器轮制法在如今得到复兴。盖德隆的陶工还制作了城堡内的陶制排水管。

下图：倒置堆放在盖德隆森林内纵向窑炉中的陶罐。该窑炉在考古学家的帮助和指导下建造，窑炉的穹顶以特制的互锁陶罐搭建而成。

上，两头分别绑在一根弹力杆和地面的踏板上，便可借踩踏之力转动木坯。车工使用钩形刀具首先削出木碗的外部造型，然后将内部挖空。盖德隆城堡的木材车工主要使用桦木、赤杨木、山毛榉、野樱桃木和槭木。

专业作坊

盖德隆的手工艺作坊包括一个石匠铺、一个铁匠铺以及一个供伐木工和木匠使用的联合作坊。联合作坊位于东侧幕墙以东约

100 米处，装有足够大的描图地板，可用于铺开和拼接搭建屋顶或巨塔围栏等建筑结构所需的木构件。

石灰窑

盖德隆建设项目的工匠专门建造了一座石灰窑用以烧制石灰膏。建造石灰窑就像建造水磨坊时一样，他们和法国国家预防考古研究所的专家合作，参照考古发现的中世纪窑炉遗迹设计了石灰窑。为了制造石灰膏，他们先将石匠作坊里的小块石灰石填入窑炉连续燃烧四天三夜，待窑炉冷却数日后取出其中生成的生石灰，再倒入装有水的木桶中。石灰遇水后膨胀、分裂、白化，便形成石灰膏。石灰窑第一次开火烧制了约 1 700 升石灰膏，工人将其储存在密封的容器中以备后用。

制篮作坊和"色彩之屋"

盖德隆的女工匠作坊中包含一个制篮作

下图：制篮工在城堡北侧她们的作坊附近斑驳的树影下工作，地面上的篮子有待装上结实的把手。在她们身后可以看到巨塔的墙基。

上图："色彩之屋"中有一批用当地植物制成的染料进行染色的羊毛线。染色工使用荨麻、苔藓、树皮和蕨类等野生植物制成土黄色和绿色的染料。

上图："色彩之屋"的火炉中冒出的烟雾缓缓飘入森林。染色工使用专门培育的"染色植物"如茜草、菘蓝、大黄根和木樨草染出更加艳丽的红色、蓝色和黄色。

坊,位于堡墙以北约10米的巨塔脚下。此处原为木匠作坊的所在地。在这里,制篮工编织了数个四柄柳条篮子,供制浆工和其他工人用来在工地上搬运建材。

城堡刚动工时,制浆工曾使用木槽和木桶盛放砂浆,但随即发现这些容器装满砂浆后过于沉重而难以搬运,故而必须找到可用以替代的工具。盖德隆项目的建设团队查阅了中世纪手稿上的插图,根据插图上的信息提出了使用更轻的柳条篮子来盛放砂子和砂浆的想法。但是新制的湿砂浆具有很强的腐蚀性,篮筐的底部很快就会损坏,因此制篮

左图:染色工将羊毛围巾挂在作坊里晾干。以洋葱皮为原料可染出这种亮黄色。

工一直忙于修补旧篮筐并制造新篮筐。他们还用柳树和榛树的嫩枝制作蜂箱、鸟巢、用于保存黏土葫芦装饰品的盒子以及城堡内建筑上的护窗板。

"色彩之屋"是生产矿物颜料和植物染料的地方，坐落于城堡东侧幕墙以东约30米处。屋内有一个巨大的火炉，烟雾会通过建筑物南墙上由不烧砖砌成的烟道排出。

城堡洗衣池

通常情况下，领地上的居民会到附近的溪流或湖泊中清洗衣物，但一些城堡中预留了供洗衣工洗涤亚麻衣物和外套的空间。洗衣所用的水来自水井或附近的活水。护城河水是不会被使用的，因为厕坑排泄物和其他废水都会被排入护城河中。洗衣时，洗衣工会把水加热、倒入碱化肥皂等清洁剂，然后将衣服浸湿，边揉搓边用木桨捶打。

临时建筑

一些工匠没有固定的作坊，而是在工地现场根据需要变换驻地。以制浆工为例，他们倾向于在需要使用砂浆的施工现场边制造砂浆，故而木匠会就地为其搭建临时作坊。近几个月来，南侧幕墙中待建门楼区域内也搭起了临时建筑。

下图：木匠为制浆工建造了一个可以遮阳的临时作坊。制浆工已将采自盖德隆采石场的砂石撒于地面，准备加入石灰和水混合。手拉车和马拉车立于一旁，等待运输将要制成的砂浆。除此之外，在将要建造门楼的区域旁有一栋木制小屋。

9

厨房和菜园

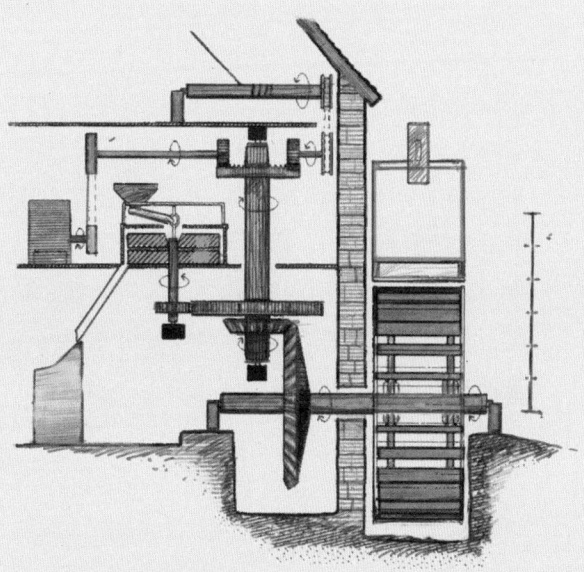

厨房里的厨师和帮厨需要每天为大量的城堡居民提供食物，任务颇为艰巨。在一座典型的13世纪城堡中，厨房由一条通道与大厅相连，在附近还设有酒水储藏室和食品储藏室。由于城堡设计的初衷是为了抵御长时间围攻，在城堡内建好菜园、食品储藏室以及家禽家畜饲养区是十分必要的。城堡外通常有一个水磨坊，由领主出资建造并开放向领地上所有居民付费使用。

食物供应

城堡内居民的食物来源包括种植在城堡外领主领地上的作物以及菜园出产的蔬菜和设防的定居点中饲养的牲畜。面包是城堡居民的主食,为了生产制作面包所需的面粉,许多城堡都在附近建有人力或风车磨坊。

一个典型的中世纪城堡菜园通常种有如胡萝卜、欧防风、亚历山大草(类似于芦笋)、牛蒡和泽芹(一种现代很少种植的蔬菜,根部味甜、呈亮白色)等根茎类蔬菜,如蚕豆、扁豆和豌豆等多种豆类植物,以及生菜、甜菜、卷心菜和水田芥,更有数种芳香植物。盖德隆的菜园里也种植了上述多种传统农作物。

菜园种植的农作物通常还包括南瓜、韭菜、菠菜和洋葱。迷迭香、茴香、薄荷、鼠尾草、琉璃苣、欧芹、马齿苋和大蒜等草本植物可用来制作沙拉,也可泼洒于大礼堂内的灯心草铺地上,用以防止异味和病虫害。

右图:盖德隆的园丁们正在养护一处典型的13世纪菜园,其中种植了泽芹和亚历山大草。连他们使用的浇水壶都是中世纪风格的!

下图:城堡厨房中通常会用到坚果、种子、浆果和绿色蔬菜等食材。它们均盛放在木质或柳条容器中。(Alamy供图)

下图:在炎热的天气里,猪喜欢在泥地里打滚、睡觉。到十一月,猪会被放入森林饱食橡子和山毛榉果实增肥。这种猪被称为林地放养猪。

上图：这幅插图来自《贝里公爵的豪华时祷书》（约1412—1416）。图中农民在城墙附近的土地上收割庄稼，牧羊人在一旁剪羊毛。（Alamy供图）

盖德隆的菜园位于"色彩之屋"旁边，在东墙外约30米处，其中种植了许多供厨房烹饪用的水果和蔬菜。

上图：羊群在盖德隆城堡的巨塔旁安静地吃草。韦桑绵羊以其起源的韦桑岛得名，是接近于中世纪绵羊的原始品种。

牲畜

一般情况下，城堡会在城墙内外饲养猪、鸡、鸽、鹅甚至牛羊。牛的食量很大，需要在冬天储备大量的草料喂食，因此牧人通常

下图：盖德隆饲养的鹅可以在城堡外的手工匠人村里自由漫步。

牲畜的身体部位

为了做到物尽其用，动物宰杀后所有的身体部位都会被加以利用。绵羊剃下的羊毛在许多地方是价格高昂的商品，在英格兰更是如此。牛皮、绵羊皮和山羊皮均被用来制造皮革：制革匠购买牛皮后，会在制革厂中对其进行处理；绵羊皮和其他较小动物的毛皮则由毛皮匠处理。牛皮通常连带角和蹄子，制革匠会把角心和蹄子扔掉，这些部位可作为考古学家判断制革厂位置的依据。角器匠会将牛角的外层加工成器物。皮革会被用来制造护套、刀鞘、马具、瓶子、手套和鞋子，高级的马鞍甚至是某种类型的装甲。

上图：盖德隆城堡的储藏室位于北楼的一层，毗邻厨房。墙壁已用石灰水刷白，部分地面也已铺上地砖。

上图：储藏室需要安装高窗和安全门以防止偷盗。木匠在安装铁铰链时，先用木楔把门固定于特定位置，再将铁铰链插入门板两面凿刻好的凹槽中，完工后再用自制的绳子将门关紧。

将其控制在刚好够来年春天繁殖的数量。奶牛产的奶被用于制作黄油和奶酪，不过奶酪也可用绵羊奶或山羊奶制成。城堡内可能还会饲养野鸡、灰山鹑和丘鹬，它们会在秋天成为盘中美味。

养猪户居住在城堡内外的茅草屋中，他们饲养的猪可以自由地在茅草屋中进出。城堡内往往会有一个堡场设有猪圈。猪一般喂什么吃什么，天气炎热时会在泥地里打滚、睡觉，凝结在身上的泥巴可以保护它们免受虱子和寄生虫的侵扰。在和平时期，养猪户会在秋季把它们放进森林，任其饱食山毛榉果实和橡子增肥。

储藏室

物资补给会被小心地存放在食品储藏室、酒水储藏室以及其他与厨房连通的房间中。不论是养殖还是打猎获得的鲜肉都会进行腌制，作过冬之用。储藏室里也可能存放有咸鱼或风干的鱼干。可以保存数月的新鲜水果或蔬菜（如苹果和洋葱）都被仔细包好，存放在避光处以备后用。

储藏室的安全性对于城堡的经济状况和管家的内部管理均至关重要。领主不仅在储藏室储存着用于供养城堡居民的物资，还储藏有用来上缴上级领主以充当税金的领地产出，如面粉或谷物。

盖德隆城堡的储藏室位于北楼一层的厨房旁边，在建成后不久就铺上了地砖并用石灰水刷白，室内故而看起来更明亮、干净。室内摆放着架子和木桶。木匠们用一根树干雕刻了一个13世纪风格的谷物箱，还为它打造了一个木盖。铁匠则打造了适配的锁以保证谷物箱的安全。木匠和铁匠还一起为储藏室的入口、山墙以及厨房的山墙制作了可上锁的木门。

城堡还进口了许多当地没有的外来商品，例如香料、葡萄酒或贝类。香料皆自海外进口，故而十分稀有昂贵。据说，一盎司胡椒的价格约等于工人一天的工资。中世纪商人还会售卖其他食物，比如葡萄干、无花果和当地没有的水果。蜂蜜是当时水果以外唯一的甜味剂，通常收集于安装在城墙上的蜂巢。这些蜂巢由制篮工人用稻草、柳树或芦苇制成。他们通常会把作坊设于堡场内，抑或像盖德隆的工匠那样设在城墙外。

小麦加工

在盖德隆建造水磨坊前，厨房配备了手推石磨或研磨机。石磨由两扇磨石（上方转动的磨石和下方不动的底盘）组成，放置于木板之上，由面包师使用固定在木制支架中的一根杆子进行操作。面包师将小麦置于两扇磨石之间，转动杆子以带动上扇磨石紧贴底盘磨碎小麦。经过面包师的艰苦劳作，小麦可被磨成粗粒的全麦粉。

使用石磨研磨面粉是中世纪的普遍做法。城堡必须能自给自足，以防战争或遭围攻期间无法获得领地外水磨坊的面粉供应，因此，城堡内至少会有一台磨粉设备。根据史料记

上图：水磨坊建成之前，盖德隆城堡的厨房中使用手推石磨。几座中世纪城堡都有这种类型的石磨用于日常的"磨炼"。

载，切斯特城堡于1301—1302年配备有五个手推石磨。斯卡伯勒城堡和卡马森城堡内也有备无患。此外，诺丁汉城堡和彭布罗克城堡内设有马拉石磨；而亨利三世时期的温莎城堡则有四个手推石磨，可作为城堡外温莎大公园中传统水磨坊的补充。

有时，水磨坊本身也是城堡防御工事的一部分。在博马里斯城堡的码头旁有一处水磨坊就在城堡的防御范围之内。卡菲利城堡则有一座设置防御工事的水磨坊，是城堡四周防御堤坝的组成部分。

下图：为了制造储藏室的谷物箱，木匠在森林边缘靠近木匠和伐木工的作坊的地方用一把双头斧砍凿树干的内部。

下图：谷物箱已摆放在储藏室整洁的地面上，尚未安装适配的盖子。用于储存食品的容器必经特别设计，以防鼠患。

盖德隆的水磨坊

盖德隆城堡建设团队在建造水磨坊时邀请法国国立预防考古研究所的考古学家在场协助,以确保尽可能还原。经过仔细研究,城堡建设团队决定参考法国东部汝拉省泰尔韦一座11—12世纪的水磨坊遗迹进行设计。不幸的是,此处遗迹并不完整,因此木匠、石匠和铁匠不得不齐心协力,探索缺失部件和整体结构的建造方法。

建造水磨坊最困难的部分是组装机轮。为此,工人们制造了轮轴、用于支撑磨石转动的支柱、轮齿、滚轮、灯笼齿轮和齿轮叶片,于原地进行了组装。经大量实验后,工人们发现要么是轮子在水流的作用下一会儿转得快,一会儿转得慢,要么就是磨石难以校准。团队的目标是打造一座可以投入使用并生产出细面的水磨坊。

1. 木匠挥动一把特制斧子一点点地劈空一块橡木，使其充当磨坊中将水流引至桨轮的引水槽。

2. 将机轮平放并安装叶片，然后垂直安装在引水槽中。

3. 一位木匠正在测试滚轮和灯笼齿轮的运转。

4. 石匠正在加工磨石。该磨石由一块精心挑选的石灰石制成。

5. 打开水闸后，水会流入引水槽，从而推动桨轮的叶片，带动机轮旋转。

第9章 厨房和菜园

厨房：备餐处

城堡的厨房通常建有大型炉膛和烟囱，可在炉膛上架上支架烤肉或者将锅子吊起在明火上烧煮，还配套有面包烤炉、便于取水的水井或蓄水池以及用于排泄废水的排水口。在盖德隆，废水通过城堡外壁上的出水嘴直接排放到干涸沟渠或护城河中。

从中世纪早期一直到1200年前后，厨房和储藏室都是堡场内独立的建筑物，通常位于大礼堂附近。（在大礼堂中央设炉膛做饭也是一种选择。）在中世纪后期，随着消防安全的改善，厨房被设在大礼堂较低的楼层中，通过一条通道连接到大礼堂后部用屏风加以合围的区域。

考古学家在威尔士的亨多门城堡内被他们判断为大礼堂所在区域的中心发现了炊具碎片，表明烹饪在礼堂中部的炉膛上进行，正如曾经的维京和盎格鲁-撒克逊贵族那般。这座大礼堂可能是一栋木结构建筑，但由于遗存物很少，我们无法确定。位于今伯明翰的韦利城堡内可见一个保存状况较好的13世纪橡木厨房遗迹，由于长期浸于积水中，得以保存底部的墙体。厨房长12.5米，宽7米，最晚可追溯至1260年，其内有一个用于烹调的大型石壁炉。

厨房壁炉

石筑城堡厨房通常附设一个带烟囱的坚固壁炉。这样一来，厨师就可以烤制一些如野猪之类的大型动物或肉块，从而为数量众多的人员提供食物。建造壁炉需要考虑生火和维持火势的问题：壁炉越宽大、开敞，越难保持通风。

有证据表明，石匠大师曾试图解决这个问题。例如，在卡莱尔城堡，由石匠大师约翰·莱温于1378年建造的门楼似乎在厨房壁炉的后侧设有可以开合的孔洞，它很可能就是用来解决这一难题的。厨师打开孔洞即可达到通风以增强火势的效果。

左图：位于盖德隆城堡附近的皮耶雷科洛城堡建于14世纪。厨房内尽管添置了一些现代家具，但基本呈现的是历史上的真实景象。（Alamy供图）

上图：2008年，盖德隆城堡厨房中烟囱的主体部分已经完成。左侧开口即面包烤炉。嵌入墙壁的石梁托上架着天花板的横梁。

上图：盖德隆菜园出产的农产品已被采摘下来，预备送到厨房。篮子里装有甜菜、韭菜、胡萝卜、鹰嘴豆以及调味用的盆栽香草。

石匠为盖德隆城堡的厨房壁炉建造了砖砌的烟囱，直通北楼的屋顶。木匠则为厨房壁炉建造了巨大的过梁。厨师可以在烤肉扦子上烤鸡，在铁锅中炖汤和炖菜，在壁炉后侧的面包烤炉中烘焙面包，还可以在陶碟中烤制中世纪的蛋糕以及甜或咸的馅饼。

最初，由于壁炉颇大，厨师和面包师遇到了他们的中世纪同行几乎肯定会遇到的同样的问题，即通风不足。通过在过梁下增加一片木头并用未烧制的黏土块抬高炉膛，这个问题得以解决。

烤炉

面包烤炉通常砌于壁炉后侧。它们底部平整，顶部呈拱形，前方有一个小开口，盖德隆的烤炉也是如此。面包师会在烤炉内点火，将温度升至正确的温度，过程中产生的烟雾会由壁炉的烟囱排出。然后，面包师可以根据需要将余烬刮入主壁炉，再用长柄木铲将面包推入烤炉之中。

理论上，这样是可以烤出面包的，但盖德隆的面包师在尝试后发现，这样做很容易

上图：在盖德隆城堡，壁炉、面包烤炉和厨房墙面同时砌筑。使用时在壁炉的右侧和面包烤炉的后部分别点火，二者产生的烟雾都会经烟囱排出。

上图：盖德隆的面包师正在制作长条面包和面包卷。在他的身后，火炉已经点着。当烤箱达到合适温度时，他会刮掉余烬，然后使用长柄木铲将面团直接放入烤炉底面上。

上图：在盖德隆的厨房里，金属烤肉扦子串好的鸡肉正在火炉上烤制，可以使用右侧的手柄旋转烤肉扦子。烤架上设有数层钩子，用于调整肉串的高度。烤肉汁中加了一小撮迷迭香并放置于平底锅中保温。

使烤炉过热而导致面包烤焦，只能通过反复试错，另寻他法。烤炉也有引发火灾的隐患，因此在一些城堡中建有容纳烤炉的专用房间。例如，我们可以从一份1250年的账本得知蒙哥马利城堡的厨房和面包房是分开造的，因为账本详细说明了修这两间房子的费用以及在面包房中安装新烤炉的成本。

厨师团队和设备

厨师负责管理整个厨房团队。帮厨是指底层干粗活的人，负责诸如清洗锅碗瓢盆、冲洗料理台或在必要时从井中打水的琐碎任务。在较小的城堡中，厨师可能仅有数个帮手；但在贵族或王室家庭中，厨房配备了专门从事不同任务的专厨，分别负责烤肉、制作调料、制作炖菜、烤制面包和馅饼等工作，另有帮厨负责用臼杵研磨香料、制作面包粉、搅拌黄油等。

在进餐时，在大礼堂侍餐的人员也有不同的等级：司酒总管负责管理储藏有瓶装及桶装葡萄酒和啤酒的酒窖，同时要确保领主就座高台上的酒水供应充足。司膳总管负责管理存放面包的食品储藏室。"司膳总管"（pantler）一词源于法语的"面包"（pain）。新鲜和腌制好的肉类都被存放在肉类储藏室中。

中世纪厨房的设备都是非常简化的，通常数量不多。标准的厨房设备包括一个大铁锅和一个小煮锅，常放置或吊挂在火炉上方；一个烤肉扦子，通常放置在一个独立的烤肉架上，用于在火上烤肉；另有用于量取、打散和搅拌的勺子以及用于切割食材的剪刀。在切普斯托城堡，厨房的设备则仅有一个烤肉叉和三口大锅。

在盖德隆城堡，厨师会在炉火上烤制用金属烤肉扦子串好的鸡和猪肉。在中世纪的城堡中，通常会由专人负责操作烤肉扦子。在一些厨房中，这项工作由专门的烤肉工负责。他们必须在离火很近的极端温度下工作，还会被滚烫的手柄烫出水泡。

和现在一样，良好的照明和清洁度对于备餐区来说十分关键。用石灰水刷墙壁有助于达到这两点要求。盖德隆城堡厨房的墙壁已用石灰水刷白，地面铺好了地砖，这样更有利于保持厨房的清洁。

右图：图中复原了亨利二世时期（1154—1189）多佛尔城堡巨塔内厨房的景象。请注意厨房中放置有研钵、杵、陶器、火炉和三足锅。（玛丽·埃文斯供图）

供水

厨师和帮厨需要用水来洗菜、做饭，也需要用水冲走厨余垃圾。为了满足这一需求，厨房附近通常会开一口井。例如，在博迪亚姆城堡，与厨房相邻的塔楼地下室中就有一口井。地下室仅与厨房连通，表明该井仅用于烹饪。在哈莱克城堡，水井位于面包房和主礼拜堂相邻的北侧内幕墙中，而切斯特城堡中安装有铅管系统将外堡场水井里的水引入蓄水池，供大礼堂东侧的厨房使用。

在盖德隆城堡的厨房中有一个用于洗涤的排水管，可将废水排到城堡后面的壕沟中。许多中世纪城堡的厨房中都有类似的装置，如沃克沃思城堡的排水道连向出水嘴，能使排出的水和墙体保持一定距离。

啤酒和葡萄酒酿酒师

城堡的啤酒酿造师负责酿造大量啤酒。他使用的原材料包括啤酒花、大麦、小麦、麦芽和其他谷物。艾尔啤酒无法长期存放，为了满足需求，酿酒师一年到头忙个不停，而非仅仅在一季工作。如果遇到需求量激增的情况，城堡有时也会购买当地的啤酒。如果城堡所处的地理环境可以在特定季节收获葡萄，葡萄酒酿酒师也可以用领地上种植的葡萄酿酒。意大利或法国各地都是如此，自然也包括盖德隆所在的勃艮第。城堡若是位于更北边的地区，则需要从其他地区购买桶装葡萄酒运送到城堡中。这些葡萄酒会在运抵后由负责管理酒类储藏室的司酒总管妥善保管。（Getty供图）

为城堡居民供餐

为城堡大礼堂准备和供应的食物每天都有所不同,有简单的例行烤肉,也有以稀有、昂贵的食材为特色的多道菜肴。当然,并不是每个城堡居民都有幸品尝到美味佳肴。通常来说,阶层较低的人食物较差,只有贵族们才可享受上等的菜肴。不过,在宗教节日里,有时甚至连大礼堂内地位最低的人都可以吃得很好。

典型的一天

城堡内的大多数人会在早上十点或十一点吃一天中最重要的正餐。在正餐前,人们或许会在清晨简单地喝一点艾尔啤酒或再吃一块面包。领主全家及随从们有时会喝一杯葡萄酒,再拿肉佐面包吃。

城堡中的正餐大多会供应肉类,可能有培根、猪肉、羊肉或牛肉。早春时,尚未有新鲜的野味,而冬季屠宰也已过去好几个月,仅有腌制的肉和鱼还能保存在储藏室中,故而这时的烹饪必须依靠胡椒、肉豆蔻、姜和丁香等价格不菲的香料来掩盖肉类不够新鲜的味道。晚上会供应第三餐,但比正餐要简单得多,通常是鸽肉馅饼或鲟鱼等清淡食物,除非领主要招待客人或举办宴会。

左图:这幅细密画出自14世纪的法国手抄本,描绘了仆人处理狩猎中被主人及其随从杀死的动物——剥下野猪皮的场景。(Getty供图)

上图：在没有新鲜鱼类的情况下，特别是在内陆地区，城堡居民会食用腌制的鳗鱼、鲑鱼、鳊鱼和鳟鱼。鱼通常用啤酒加盐水煮熟或油炸。

上图：盖德隆厨房制作的综合香草咸味馅饼。这是一种中世纪的馅饼，用鸡蛋和新鲜薄荷等时令香草制成。薄荷既可以帮助消化，又有助于保持口气清新。

城堡内的食物和酒水

贵族阶层的每餐膳食都以肉类和鱼类为主，搭配蔬菜和甜点。通常根据肉的种类、切块与否和牲畜的年龄，采用慢炖、架烤或串烤的方式进行烹饪。有时也会将肉切碎，与香草、面包粉和牛奶混合制成肉饼。人们很喜欢吃海鸥、椋鸟、苍鹭和孔雀之类的鸟类。如果狩猎成功的话，还会有鹿肉或野猪肉可以吃。城堡的仆人还会猎杀野兔、野鸟之类的野味，让受过训练的猎狗驱逐或叼回猎物。鱼类经常出现在菜单上，总是在星期五和大斋节，因为当时教会颁布法令禁止在大斋节吃畜类。鱼可能来自护城河或是当地的河流小溪，有些城堡还自有鱼塘。如果没有新鲜的鱼，厨房就会供应腌渍的鲱鱼或鱼干。

城堡内，根据阶层的不同供应葡萄酒或啤酒。贵族可以用专属的玻璃杯或高脚杯喝最好的葡萄酒，而大礼堂中阶层较低的人只能共用罐子喝啤酒。通常来说，来自河流或护城河等处的水质很差，不能安全饮用，故而儿童也喝啤酒。啤酒经过酿造可去除很多污染物，而且比我们今天喝的啤酒度数低。孩子有时可能也会喝牛奶，但历史学家认为，当时的牛奶只在特定季节出产，更常被用来制作黄油和奶酪，因为这有利于牛奶的保存。

座次和阶级

在大礼堂中就餐时，地位最高的几位用餐者享有单座的椅子，其余的大多数人则坐在长条板凳上就着搁板桌用餐。英文单词"宴会"（banquet）即古法语"小板凳"。领主和高级贵族的桌子设在高起平台上，下等人的餐桌则放置在大礼堂当中。当时，仅有高起平台上的主桌摆着稀有且昂贵的盐巴，下等人是无法享用的，这就是英语谚语中以"坐上席或坐下席"（above/below the salt）

上图：从这块15世纪的法兰德斯挂毯中可以清晰地看到包括女性在内的许多中世纪宫廷成员共同进行狩猎活动的场景。它是曾经悬挂在哈德威克庄园的四幅挂毯之一。庄园所有者为什鲁斯伯里女伯爵伊丽莎白，她通常被称为"哈德威克的贝丝"。

指代社会等级高低的来源。

在高台餐桌上，穿制服的仆人会用银盘盛着切成薄片的肉端给领主及其家眷、宾客食用。其余的用餐者通常会从一个公用盘子上自取食物，放在成块的硬面包上食用。有时这些面包也会被放在碗里，上面淋上炖菜或汤，或是涂上肉酱。人们用手抓着切成薄片的肉吃——他们通常只有刀可用，而且需要自备。

餐桌礼仪十分重要，对于高桌上就餐的人来说更是如此。因此，当时市面上发行了一些手册，指导人们如何礼貌地行事。15世纪法国的《餐桌礼仪》给人们提供了各种建议，包括从公用的水罐里喝水前应先擦拭嘴巴、应当避免在餐桌上抓痒或剔牙等。

野外狩猎

有时，领主和他的随从会花上一整天的时间用来狩猎。他们骑着马，带着狗（和猎鹰）在森林中狩猎鹿和野猪。这对参与的人来说不仅是一种休闲娱乐，也是磨炼参与者的骑射技能和训练年轻子弟的绝佳机会。此外，狩猎还有助于增加城堡的肉类供应，使领主掌握领地上牲畜的状况。外出打猎的人马中通常会包括城堡中的贵族女眷、马夫和仆人。他们会携带一些厨房准备的食物作为午餐，可能包括冷肉、糕点和葡萄酒，由仆人分发给大家。

格洛斯特城堡的宴会

城堡中的宴会通常会呈上大量的山珍海味，华丽铺张且花费高昂。例如，亨利三世曾于1246年在他最喜爱的住所格洛斯特城堡（现已拆除）中举办宴会，他为此订购了1 000多只野兔、家兔和松鸡，5 000只鸡，10 000条鳗鱼，90头野猪，30多只孔雀，以及36只天鹅。

后 记

动工于1997年5月的盖德隆建设项目在19年之后首次向公众开放,在20年后的今天仍在施工中,所花费的时间远比在中世纪建造一座典型的城堡长得多。专家估计,在13世纪建造一座与盖德隆的规模和地位相当的城堡可能要耗费12—15年。卢浮宫这座规模更大的皇家城堡仅用了10年的时间建成,而雄伟壮观的加亚尔城堡在英王理查一世的监造下仅花费12—18个月就建成了。盖德隆建设团队花费的时间比中世纪时要久是因为他们不像皇家的建筑工地那般有成千上万的工人可供驱使。很多时候,团队在施工过程中经常需要复原几乎失传的技艺。更重要的是,他们需要耗费至少一半的时间向来访的公众解释他们的工作。

随着一个个施工季的结束,盖德隆城堡愈发趋于完善。在撰写本书的2017年施工季中,最引人注目的进展是门楼和西角塔楼内部的修建。与原始计划相比,门楼的尺寸较之前过于浮夸的方案被缩小了。新方案下的门楼更接近于想象中行事谦逊、等级较低的盖德隆领主会建造的规模。门楼的内壁

下图:在2017年的施工季中,门楼的东西两座塔稳步建造中。城堡西隅鸽舍塔的工程也在进行着。

上图：一名工人从双轮踏车上卸下用于建造门楼东塔的建筑材料。

上图：在木匠作坊宽敞的描图地板上，木匠兼细木工人正在拼装礼拜堂塔屋顶所需的木构件。

没有突进到中庭，而是直接连接了东西角塔，削弱了建筑的气势并减少了总体的建设成本。

石匠在建造门楼双塔之前需要先整备地面，因为这片区域已经荒废了 15 年以上。经过那么多年，雨水不可避免地渗入砖石中，可能已经冲走部分砂浆。为了检查塔楼基部是否仍然坚固且没有出现空洞或"空廊"，石匠耗费了一些时间将一桶桶水倒在塔基周围的地面上。如果水渗入得太快，则表明有空洞，他们便要将液态砂浆倒入其中以巩固砖石结构，确保地面能够支撑门楼的重量。

在这一施工季的大部分时间里，门楼的双塔之间都安装着双轮踏车，为石匠提供充足的建筑材料。石匠开始在正门两侧的塔楼中砌筑房间，这些房间最终会被布置成射击廊道，供弓箭手在其中射击外敌。门楼的西塔楼上计划设置四个箭眼。截至 2017 年，已经完成了其中的三个。塔楼内墙现高 1.8 米。

吊闸

在门楼的东塔楼中，石匠们正在砌筑旋转楼梯。同年稍早时，该塔的门框已砌筑至 1 米高，楼梯的前两级台阶也已砌好。这座楼梯会通向楼上的房间，房内将会安装可以操控吊闸的机械装置。在门楼通道内，已雕刻好沟槽、供吊闸在其中滑动的石块也已固定到位。在 2018 年的施工季中，建设团队将会建造连接门楼东塔楼和西塔楼的巨大拱顶和东塔楼上的三个箭眼。

鸽舍塔

另一支石匠队伍一直在西角塔工作。他们在这里建造了两条筒拱走廊、两个箭眼、两扇窗户和一段嵌入墙中的石阶。西角塔被指定用作鸽舍塔。在 2018 年的施工季中，顶层的房间将会装上木制天花板和供鸽子们居住的鸽箱。西角塔还会增设两扇门,使人们可以经鸽舍塔直接从西幕墙到达南幕墙。

礼拜堂塔的塔顶

与此同时,木匠们一直在努力制作礼拜堂塔的胡椒罐形塔顶所需的 265 个构件。目前所有构件已切割成形,有待在各个平面上切割出榫卯接口。目前,塔顶弯曲的壁板已在伐木工和木匠作坊内的描图地板上组装完毕。在 2018 年的施工季中期,会由特殊的起重装置将塔架吊升到塔顶进行组装。砖瓦匠则忙于生产和烧制数以百计用于礼拜堂塔塔顶的梯形瓦片。

盖德隆城堡的未来

虽然盖德隆还需 10—12 年甚至是 15 年的时间才能建造完毕,但建设团队并不打算将雄心壮志局限于城墙之内。他们已经开始计划建造在城堡庇护下的中世纪风格城镇。在城堡内部,则将继续粉刷墙壁,为窗户加装玻璃和木制护窗板。

盖德隆建设项目在中世纪建造和工艺技术方面积累了大量的专业知识,也会继续作为生动有趣的实践考古学范例受人赞颂。通过运营和维护这座城堡,建设团队无疑将继续挖掘关于 13 世纪城堡生活的宝贵信息。

右图:石匠正在砌筑鸽舍塔的拱券,下方仍有木制支架支撑。在背景中可以看到礼拜堂塔。

词汇表

施赈官（Almoner）：领主家庭的随从，负责向穷人布施。

城墙走道（Alure）：参见"墙上步道"。

后殿（Apse）：建筑半圆形的突出区域，通常带有拱顶。

拱廊（Arcade）：以成排列柱支撑上方拱券所形成的廊道。

箭眼（Arrow loop）：墙壁上的狭长缝隙，可供弓箭手和弩兵向敌军发射箭矢。

琢石（Ashlar）：方形的料石，通常按水平方向铺设。

堡场（Bailey）：设置防御工事的城堡中庭。在高地-堡场式城堡中指中央的高地或土丘周围被沟渠和木栅栏围合的区域，其中矗立的城堡土塔是领主的住所，也是城堡最后的避难所。

雕石匠（Banker mason）：雕刻建筑用石的石匠。

外堡（Barbican）：城堡的外围防御工事，旨在保卫城堡的出入口（门道）。

筒形拱顶（Barrel vault）：两壁之间的穹状顶。

角塔（Bartizan）：出于防御或装饰目的建造于外墙相交拐角处的挑出式小塔。具备防御功能的角塔可供城堡守卫清晰地看到两个方向上的情况。

棱堡（Bastion）：幕墙上有棱角的突出结构，旨在为守卫提供良好的射击角度。

斜向墙基（Batter）：加筑于幕墙基部的斜向坡面，通过使墙壁更难攀爬或攻破来加强城堡的防御性能。

雉堞（Battlement）：幕墙顶部的锯齿状结构，由垛口（凹下部分）和城齿（起防御作用的凸起部分）组成。雉堞后方可供哨兵和弓箭手、弩兵在城墙走道上巡逻。

冲击塔（Belfry）：可移动的木制攻城塔，能在进攻中直接向城墙移动。

狭窄空地（Berm）：城堡壕沟和幕墙之间的狭长地带。

封闭拱廊（Blind arcade）：一排没有开口的拱券，用作实心墙面的装饰。

浮饰（Boss）：拱顶中心的石块，通常刻有纹案。参见"拱顶石"。

酒水储藏室（Buttery）：与大礼堂相连的服务

用房，通常经由以屏风隔出的通道进出，主要用于存放瓶装或桶装的啤酒和葡萄酒。

扶壁（Buttress）：用以增加墙壁的坚固度或是用于抵抗屋顶或拱顶施加的侧向力的石砌支撑物。

拱鹰架（Centring）：在砌筑拱顶和拱券时起支撑作用的木制框架。一旦结构建成并可独立支撑后，便可移除。

卧室（Chamber）：城堡中供私人居住的房间，与大礼堂的公共空间相对。

蓄水池（Cistern）：用于储水的池子。

总管（Constable）：领主不在时，城堡内负责管理和守卫城堡的官员。

梁托（Corbel）：突出于墙面、支撑木结构（如屋顶、地板或围板）的石块或考古遗迹中的石构件。

垛口（Crenel）：防护矮墙的低矮部分，即城垛和城齿间的缝隙，可供弓箭手和弩兵射击敌军。参照"城齿"。

曲木（Cruck）：自一棵树上砍下的数根弧形木材，置于一处可形成向内弯曲的拱券。此类拱券自地面升至屋顶，用以支撑建筑物的墙体和屋顶。

幕墙（Curtain wall）：环绕城堡场域的外围防御性城墙。

自留地（Demesne）：领主不出租他人、收成属于他自己的部分土地。

主楼（Donjon）：盎格鲁－诺曼式城堡中的塔楼要塞（源自法语donjon和拉丁dominium，意为"统治"）。类似于"塔式主楼"。

筒形塔楼（Drum tower）：突出于幕墙的圆形塔楼。

斜面洞口（Embrasure）：墙面上用作箭眼或窗户的斜面开口。Embrasure也可用来指称"垛口"。

城郭（Enceinte）：环绕市镇或城堡且筑有防御工事的围墙。

仿砖墙面（Fictive masonry）：绘有线条模仿出琢石效果的墙面。

前沿建筑（Forebuilding）：突出于主楼并容纳主楼入口的建筑体。

山墙（Gable）：位于建筑末端两片斜坡顶间的三角形墙面。

衣帽间（Garderobe）："厕坑"的别称。

交叉拱顶（Groin vault）：由筒形拱顶相交构成的拱顶。两个拱顶相交的边棱（arris）称为拱肋（groin）。

礼堂式主楼（Hall keep）：低矮的塔式主楼。

托臂梁屋顶（Hammer-beam roof）：以悬臂托梁（突出于结构基部的水平构件）支撑重量的木屋顶。

围板（hoarding）：城堡城墙或城墙塔楼顶部的木结构，可作为弓箭手和弩兵的战斗平台。有的围板长期固定在位，有的是仅在战时安装的临时结构。

主楼（Keep）：巨塔的别称。

拱顶石（Keystone）：拱顶或拱券中心的石块，可作为其他拱石定位的中心。参见"浮饰"。

厕坑（Latrine）：厕所。

整平层（Levelling course）：一段粗石墙面上琢石铺砌的水平层。石匠根据整平层检查砖石是否水平。

过梁（Lintel）：横跨窗户或门洞等墙面开口的水平构件，通常在上方承载重量。

堞眼（Machicolation）：突出于幕墙顶部的石砌结构，底部设有供守卫发射箭矢和下抛投掷物的开缝。该词还指门道顶部供守卫袭击入侵敌军的窄缝。

投石机（Mangonel）：投掷石块的攻城武器。与抛石机（trebuchet）同义。

骑兵队长（Marshal）：领主手下负责指挥兵马的官员。

城齿（Merlon）：雉堞防护矮墙上的凸起部分，可为防御幕墙顶端走道上的弓箭手、弩兵和其他士兵提供掩护。他们可以从旁边凹下的垛口处射击敌军。

榫眼（Mortise）：供榫头（另一种木构件）插入其中并固定。

高地（Motte）：人造或天然土丘，为盎格鲁诺曼时期高地－堡场式城堡的主要特征。高地上通常以木材搭建的塔楼不仅是领主的居所，还是城堡遭受攻击时的避难所。

壁塔（Mural tower）：砌造于幕墙内的塔楼。

谋杀孔（Murder holes）：位于门楼入口上方屋顶的堞眼的别称，可供守军向试图冲进门楼的敌军发射带火箭矢或下抛投掷物，也可在此于敌军火攻时倒水灭火。

外围工事（Outwork）：主城墙外的防御工事。

承梁垫石（Padstone）：支持木柱的石块。

木栅栏（Palisade）：插入泥地中的木制围栏或栅栏，有时由多个单体木桩构成。

食品储藏室（Pantry）：与大礼堂相连、用于储藏面包的服务用房，通常经屏风后的通道进入。参见"酒水储藏室"。

防护矮墙（Parapet）：石墙高起的部分，是雉堞结构的组成部分，可能由垛口和城齿构成顶部呈锯齿状的结构。

支柱（Pier）：拱券中起支撑作用的垂直构件。

圣洗池（Piscina）：礼拜堂中祭坛旁的排水石盆，用于清洗圣杯、圣盘、圣体盒和其他弥撒中使用的器皿。

基座（Plinth）：墙基的突出部分。

吊闸（Portcullis）：木质格栅，通常用金属包裹，下部有尖角，用作城堡通道中的附加屏障。吊闸嵌于通道两侧的凹槽之中，通过卫兵室开口上方的绞盘装置带动锁链进行升降，可突然掉落攻击或阻止入侵敌军，是一种强有力的武器。

后门（Postern gate）：城堡后侧的出入口，通常不大，仅可供人步行进出。

墙角石（Quoin）：砌筑于墙角且经过加工的石块。

三角堡（Ravelin）：三角形的外围防御工事。

灰泥（Rendering）：墙壁上的涂料，通常以石灰水刷白。

护墙（Revetment）：壕沟边上的木墙或石墙。

拱肋（Rib）：支撑拱顶的弧形结构。

肋拱（Rib Vault）：一种以拱肋支撑结构重量的拱券。

罗马式（Romanesque）：11—12世纪的建筑风格，在英格兰也被称为"诺曼式"。

突破口（Sally port）：后门的别称。

内斜坡（Scarp）：城堡所在的台基的边缘，或指干涸壕沟内侧的边缘。

屏风通道（Screens passage）：大礼堂后部的通道，常以屏风隔出，通向储物和备餐的食品储藏室、酒水储藏室及厨房。

立柱（Shaft）：构成窗框或门侧筑的构件之一。

壳式主楼（Shell Keep）：环绕高地的平顶而建的砖石墙，通常用以取代高地－堡场式城堡中围绕高地的木栅栏。

屋顶房（Solar）：城堡私人房间的早期形式，供领主及其家眷使用，通常位于大礼堂的较高楼层，与走廊相连。

高斜基（Talus）：斜坡式墙基，高于斜向墙基（batter）。

拱脚石（Tas-de-charge）：法语术语，英文中无对应词汇，指哥特式拱顶的拱肋下端。

骑士比武场（Tiltyard）：骑士和护卫用来练习马上长矛比武的长条形区域。

窗花格（Tracery）：窗上刻有图案的木构件或石构件。

抛石机（Trebuchet）：施加平衡重量来发力的投石攻城武器。

拱顶（Vault）：石砌的拱形屋顶。

拱石（Voussoir）：构成拱券的楔形石块。

墙上步道（Wall walk）：沿幕墙顶部内侧设置的战斗平台，城垛可保护后方的守卫、弓箭手和弩兵。也被称为"城墙走道"。

内城区（Ward）：堡场，即城堡中庭的别称。

抹灰篱笆墙（Wattle and daub）：木篱笆（wattle）抹上黏土（daub）或在墙板内填土形成的木结构建筑墙壁。

拱帆（Webbing）：拱顶中填充的砖石或瓦砾。

重要历史人物

英格兰国王爱德华一世，1272—1307年在位

以王子身份加入第九次十字军东征（1271—1272），统治期间镇压威尔士和苏格兰的叛军，下令于弗林特、阿伯里斯特威斯、里兹兰、哈莱克、康韦、卡那封和博马里斯建造城堡。

英格兰国王亨利二世，1154—1189年在位

亨利二世与托马斯·贝克特大主教的冲突导致贝克特于1170年死亡。他主导了阿伦德尔、班堡、多佛尔、黑斯廷斯、凯尼尔沃思、泰恩河畔纽卡斯尔、奥福德和温莎等城堡的重要建设工程。

约翰·莱温，活跃于14世纪70—90年代

活跃于英格兰北部的石匠大师，曾于达勒姆修道院为达勒姆主教服务，后为英国王室主持约克郡的博尔顿城堡、坎伯兰郡的卡莱尔城堡门楼、苏格兰边境上罗克斯堡城堡和诺森伯兰郡沃克沃思城堡巨塔的修建工作。

圣乔治的雅克大师（约1230—1309）

石匠大师，自1285年开始主持威尔士的皇家城堡建设工程。曾主持弗林特、里兹兰、康韦、哈莱克、卡那封和博马里斯城堡的修建工作，于1302—1304年主持修建了苏格兰的林利斯戈和斯特灵城堡。他出生于萨瓦，一般认为其名字来源于他在法国里昂附近设计的圣乔治-代斯佩朗什城堡。

工程师莫里斯（Maurice），活跃于1174—1187年

亨利二世时期的石匠大师、工程师，主持了泰恩河畔纽卡斯尔城堡和多佛尔城堡的修建工作。

法国国王腓力二世，1180—1223年在位

将法国领土扩张至英国地域，被法国编年史学家吉戈尔称为"奥古斯都"。腓力二世于巴黎修筑卢浮宫，并按照"腓力式"标准建造了多座城堡。

英格兰国王理查一世，1189—1199年在位

被誉为伟大的战士和军事领袖，绰号"狮心王"，曾于1196—1198年密切参与加亚尔城堡的设计和建造。

英格兰国王威廉一世，1066—1087年在位

作为诺曼底公爵，曾于1066年率军入侵英国。他在佩文西、黑斯廷斯、多佛尔、沃灵福德等地建造了多座城堡以及伦敦塔。

第一代彭布罗克伯爵威廉·马歇尔（1146—1219）

英国政治家，被坎特伯雷大主教斯蒂芬·兰顿誉为"有史以来最伟大的骑士"。马歇尔出身卑微，通过在法国的马上比武大会崭露头角，曾服务于亨利二世和理查一世麾下，修建了彭布罗克城堡和切普斯托城堡在内的许多重要建筑。

致　　谢

　　除非另有说明，本书图片皆由盖德隆城堡建设团队提供并授权重制。标有"Cadw供图"的图片由Cadw威尔士城堡图库提供并授权重制。感谢海丁厄姆城堡运营方提供的位于第108页上的图片以及大卫·安斯蒂斯提供的位于第102页右上角的图片。其余的图片来自shutterstock、Getty、Alamy和玛丽·埃文斯。

　　盖德隆城堡每年3—10月向游客开放。交通路线可以在www.guedelon.fr上找到，还可在该网站上订阅盖德隆城堡建设的新动态。

地址：法国特雷尼市D955街道　　邮编：89520
电话：+33（0）386456915
当地电话：0386456666

图书在版编目（CIP）数据

中世纪城堡/（英）查尔斯·菲利普斯著；李弥译.
—上海：上海科学技术文献出版社，2023
书名原文：The Medieval Castle Manual
ISBN 978-7-5439-8729-6

Ⅰ．①中… Ⅱ．①查…②李… Ⅲ．①城堡—历史—世界—中世纪—通俗读物 Ⅳ．①K916-49

中国国家版本馆CIP数据核字（2023）第002256号

The Medieval Castle Manual
Originally published in English by Haynes Publishing under the title: The Medieval Castle Manual written by Charles Phillips © Charles Phillips 2018.

Copyright in the Chinese language translation (simplified character rights only) © 2023 Shanghai Scientific and Technological Literature Press

All Rights Reserved
版权所有，翻印必究
图字：09-2019-498

策划编辑：张　树
责任编辑：黄婉清
封面设计：徐　利

中世纪城堡
ZHONGSHIJI CHENGBAO
[英]查尔斯·菲利普斯　著　李　弥　译
出版发行：上海科学技术文献出版社
地　　址：上海市长乐路746号
邮政编码：200040
经　　销：全国新华书店
印　　刷：商务印书馆上海印刷有限公司
开　　本：787mm×1092mm　1/16
印　　张：13.25
版　　次：2023年3月第1版　2023年3月第1次印刷
书　　号：ISBN 978-7-5439-8729-6
定　　价：128.00元
http://www.sstlp.com

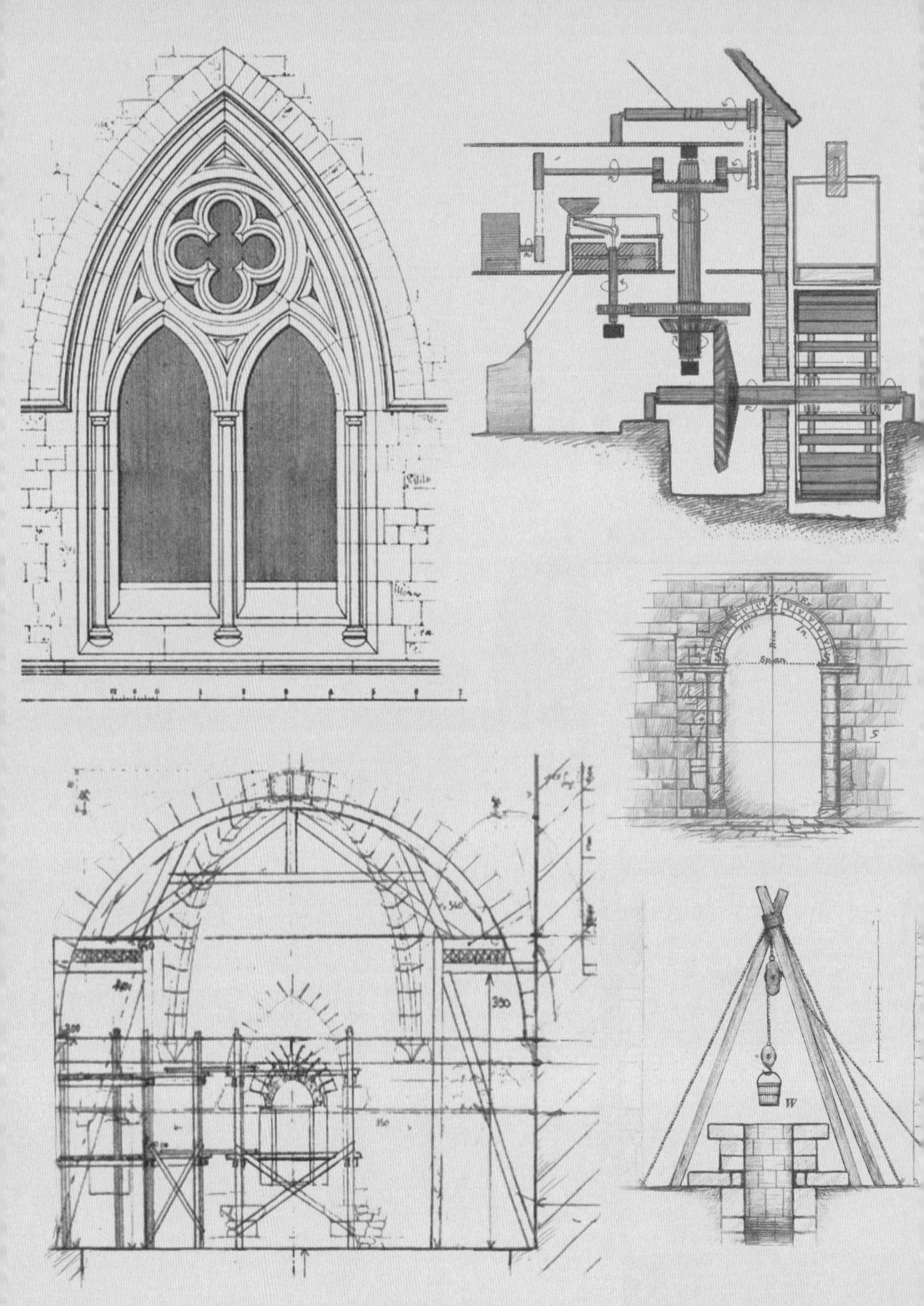